兒童發展專家 **何佩珊** 著

Total Quality Management

托嬰管理 TQM

扭轉機構困境的7大管理定律

4 大面向分析 × **7** 大定律故事，
打破管理迷思，解方99%有效！

目 錄

CONTENTS

引領經營思維，輕鬆應對管理難題

　　〈三輪車〉是一首眾人耳熟能詳的兒歌，卻深具現代管理學思維。歌詞中令人奇怪的「要五毛，給一塊」，實為管理學品質與效益的展現，貝斯特費爾曾提出「品質＝性能（結果）/ 期望 ≥ 1」的概念，當品質評估為所獲得的結果 ≥ 本來的期待時，「要五毛，給一塊」的效益就可能產生。至於好笑的「給香蕉，他不要」，則可視為管理學上顧客導向、市場取向的忠實反映，就「全面品質管理」理論中之「質量」而言，指的是最適合一定比例顧客之需求條件，並透過全員參與的基礎，提高顧客滿意與達成組織效益的長期管理途徑。換句話說，當管理者預設的需求條件（香蕉）不能或不是顧客（猴子）滿意的對象時，就得回到品質管理的範疇重新檢討了。這樣的理解與詮釋，建構在理論與實務的互證的條件下，而這亦為談論管理學的基礎所在。少了實務的活用與印證，空談管理則常會淪為虛華的口號。本書作者具有早期療育和文教事業經營雙碩士學位，為福建平潭初幼格安保教園培訓總監，以傳播「有溫度」的優質早教為理念，為0至3歲的幼兒提供「日托＋早教」服務，而本書即是理論與實務活用下的佳作。筆者身為本書作者一門、兩代、三人的指導教授，實為難得之殊遇，有幸於諸讀者之前先讀了本書，基於長年的職業積習，也就不免就本書之特色與內容提出些許觀後感。

　　本書是有關托嬰管理 TQM 的實務研究，從管理的角度出發，探討現階段托嬰管理的問題，內容涵蓋了托嬰機構常態性的經營管理、管理思維以及評鑑行政等實務概況。作者藉由托

嬰、品質、管理三個面向的實務觀察了解到，托嬰行業的組織結構與幼兒園具有本質上的差異，又因為托嬰機構的形成，大部分都是由居家型的保母擴充而來，在缺乏系統式的經營規劃下，如何建構管理制度與規範就成了大部分托嬰業者面臨的問題，此即本書開篇「眼下管理的破口」所呈現的現象反思與探討。為了解決托嬰機構管理的破口，作者援用了全面品質管理的觀點提出了對治方案，其問題意識來自於作者在經營托育中心中的實務觀察，面對外部客戶（家長）無法達成有效溝通與托育共識；面對內部客戶（教保人員）無法促進專業技能與素養的提升，兩者交雜之下，突如其來的意外，就會令管理者需要面臨危機的處理。據此，作者擬定了四個實務範疇來討論托嬰管理，分別為：一、眼下管理的破口，討論托嬰機構管理上最頭疼的問題。二、聽故事學管理，針對常見的管理問題透過管理法則與現場實例來發現問題。三、全面提升做管理，以框架概念建立管理思維，按部就班一步步了解管理。四、對的事情簡單做，透過管理系統與表單流程解鎖評鑑，讓管理成為日常。

　　本書論述學理依據與實務經驗相互佐證，文字流暢，邏輯結構緊密，善用實務例證，深具實用性，尤能以簡明的圖表歸納重點，讓讀者能輕易的掌握管理的訊息。管理學的著作，過於呈現學術理論則顯沉悶，太著重經驗技巧又顯虛華浮誇，而本書以遊戲說明理論，淺顯易懂、容易活用，實屬不易，以下僅舉〈教保人員之專業技能與素養提升〉一段之例證，向讀者介紹：

1. **玩起來！藉由遊戲引發動機**：提升專業能力如同開啟遊戲任務一般，管理者如遊戲規畫師，要設計關卡、要提供僥倖與

機會、要產生結果的差異與淘汰機制……。

2. **打造團隊共學氛圍**：透過團隊的力量來帶動個別的成長，而這樣的職業態度才有助於企業文化的凝聚與形成。……當團隊逐漸形成團隊共學的運作時，管理者便可以加入小組課程的遊戲，如同線上打怪遊戲一樣，自己的底子厚實了，就能開始練習打小組戰。**人與人的情感是交流中點滴積累下來的，這樣不僅有助於人事流動率的下降；同時能夠有效提高專業能力。**

　　提升教保人員之技能與素養，是經營管理托育機構極重要的一環，本書緊扣人性心理因素，以淺白易懂的方式介紹箇中三昧，引領讀者由實境中思維領略，以簡潔的筆調輕鬆對應管理難題。而在3-1〈知框〉【誰來買單的遊戲規則】中，作者以狗、羊、豬之譬喻，簡要的將托育服務中家長、幼兒、政府與民眾間的關係勾勒出來，這對於托育機構的管理理念而言，是極為鮮活、嶄新的剖析，深具實用價值。本書並非管理學之教科書，更非學術理論著作，而是作者集多年實務經營之心得分享，期能補目前托育機構管理之困境於萬一。今其《托嬰管理 TQM》即將付梓出版，特囑為序，謹於銜命之餘，寥寥數語，權當覆命。

中台科技大學文教事業經營研究所教授

周崑郑

幼保工作者的管理實戰指南

　　根據內政部統計處公告，2016 年至 2020 年，短短五年內幼兒出生人口數下降了將近四萬多人。出生率已經是全世界倒數第一名。為了提升年輕人生育的意願，政府祭出一連串的育兒福利制度。其中為解決家長照顧嬰幼兒的困擾，私立托嬰中心和公辦民營托嬰中心從 2017 年 907 所到 2021 年的 1323 所（內政部統計處，2010），短短 3 年全國增加了 416 所。收托總人數從 2017 年的 23066 人增加至 2021 年 6 月底的 36993 人。雖出生人口數減少，但托育人數卻是增加的，說明了家長對托嬰機構的依賴，在嬰幼兒生命的最初幾年，托嬰機構在嬰幼兒的成長過程中扮演著提供安全、保育、發展等重要的角色。全面品質管理（Total Quality Management，TQM）是確保托嬰機構能把這些角色扮演好的保證。

　　本書作者從小看著母親幫別人帶孩子，從居家托育保母到托嬰機構，見證了台灣托育機構的發展歷程。因此對托嬰機構在整體管理方面的各種問題都有深入的見解。作者在本書中從「眼下管理的破口」、「聽故事學管理」、「全面提升做管理」、「對的事情簡單做」四個面向來談全面的品質管理。在〈眼下管理的破口〉中點出她多年工作經驗中所發現的問題。透過〈聽故事學管理〉中敘說托嬰機構中發生過的故事來解釋管理學上的各種定律，能讓讀者輕鬆理解各管理定律的涵義及使用的時機。在〈全面提升做管理〉中透過**知框→立框→用框三個階段**，來進行托嬰機構管理的思維框架，打造機構的管理系統，規劃管理規則、一定的 SOP 流程到最後的工作檢核，達到全面的品

質管理，維持組織企業的永續發展。最後在〈對的事情簡單做〉中運用托嬰機構評鑑指標具體說明品質管控時的應有作為。

　　行政管理是件既重要又執行複雜的工作，托嬰中心每日的運作中，大小事不斷，看似順暢的同時，其實暗藏管理上的危機。若沒有好的管理機制，小事就會累積成大事，最後變成無法挽回的局面。在最後一個章節作者說「『複雜的事情簡單做，你就是專家；簡單的事情重複做，你就是行家；重複的事情用心做，你就是贏家。』這一段話觸動了她」。這句話不只觸動了作者，同時也觸動了我。維持一個有品質的學校運作，一步一腳印是重要的。本書淺顯易懂，除了精準道出實務現場的常見問題，也提供了很多管理策略。非常推薦幼保相關科系的學生、老師，及托嬰機構經營者使用這本實用書。

國立台中教育大學幼教系　副教授

程鳳菁

挑戰人性的極限——管理

> 人生一畝田自耕自娛自豐收，你在我心田是我倆種下
> 因果。結果與否尚不知與人交集定不滅，用經驗堆疊
> 出故事，用故事回憶人生。

　　若問我，一個幼教人怎麼會談管理呢？這不是商學院的專業嗎？也許這就是老天爺在我人生中安插進去的歷程吧！記得以前那年代「三師」掛帥，律師、醫師、會計師總有些社會地位的職業魅力，年少輕狂的我評估自己不會是律師、醫師的料，若還想要擁有人們言談中美麗的職業，就只能往會計師去努力了。因此，商學院成為我人生中的一段歷程，甚至大學畢業後還曾經為了考商管所碩士躲進南陽街補習班窩了一年，滿肚子的凱因斯經濟理論、彼得杜拉克的管理模式……。雖然，最後我沒有走向企業管理、更沒有完成會計師的職業夢，但這些學識卻讓我知道「管理」並不簡單，它是一門即時性的哲學，用來解決企業中面臨的一切大小問題。

　　走回幼教領域後，除了幼教相關進修外，我最愛參與的就是商管類的管理學研習與講座，聽聽各行各業在管理中面臨的困境與他們突破危機與應變的管理哲學，這些都令我聽得陶醉不已，甚至還去讀了一個文教經營碩士。記得某次與一個勞工顧問聊天，他說：「想知道車禍多痛？去醫院急診室走一圈就知道，不用自己去嘗試。」又說：「人類最可愛的地方就是永遠記不住教訓，因為記取教訓的人都作古了。」談笑中，許多事情不言則明，現在很多企業管理的問題都離不開勞資雙方在立場不同下的糾葛，而勞工顧問協助我們在法規與實務上面的

作法，提醒了我們許多事情早有先例，別以為這是別的行業或其他人的事情，看過就忘、事不關己，**要懂得「借鏡」，才是組織經營的良方。**

　　本書用實際的現場管理問題來回應管理理論，記錄著作者從早年經營安親班到托嬰中心的實物經營現場中所遇見的點點滴滴，以及從老師、行政主管到經營管理者，每一個位置的想法或撞擊留下的深刻記憶。以「看故事學管理」的想法執筆，希望能讓管理更平易近人。每個行業都有自己的管理困境，常常都是因為一開始的疏忽或苟且、得過且過，以至於小問題變成大管理難題。常言：「**管理是人性的挑戰。**」不要以為只有管理者需要懂管理，我們在幼教現場的老師們，更需要懂管理，因為，你才有機會知道管理者的思維，不是要挑戰管理而是能藉由管理讓運作更風生水起。

　　走過幼教行政管理的現場，便知道每日處理幼兒瑣碎的事情就夠神經緊繃了，**常常把行政管理視為雜事，只能挪到最後才處理。溝通與協調常因此過了時效性，無法即時止血一次把問題解決。**或許當管理者的敏感度提升；亦或許現場老師們的團隊動能改變，管理就能形成一種正向的氛圍。管理是動態的策動鏈，組織內部環環相扣，因果相伴。現在的經營管理者需要有滾動式調整的思維，社會的脈動時刻牽動著我們的行業脈搏，常見到許多有耐心與愛心的教育工作者，困在管理的漩渦中，有句老生常談的話：「**簡單的事情天天做就會是行家！**」期望這本書能讓身為管理者的你，找到一點簡單做又有效的方法；讓身為現場工作者的你，知道職場人際相處的簡單規則。

何佩珊

Chapter 1

眼下管理的破口

　　托嬰行業為隨著雙薪勞動市場的需求而延伸出的支持型產業。然，在組織型態調整與發展的歷程中，品質管理往往非托嬰行業負責人或管理者的強項。由小處累積出的管理破口，往往吞噬了組織企業，如近幾年新聞媒體層出不窮的勞資問題、虐嬰事件、環安問題……。透過人力銀行的問卷調查，發現托嬰管理面臨最大的四個難題：危機管理、家長溝通、提升員工專業技能與素養、品牌力量形塑。

　　本書將分為三個章節和附錄來討論托嬰管理，以眼下管理的破口著手，討論托嬰機構管理上最頭疼的三大問題：

- 聽故事學管理，針對常見的管理問題透過管理法則與現場實例來發現問題。
- 全面提升做管理，以框架概念建立管理思維，按部就班一步步了解管理。
- 對的事情簡單做，透過管理系統與表單流程解鎖評鑑，讓管理成為日常。

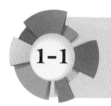

何謂全面品質管理 TQM？

1-1

　　「托嬰品質管理」由字面上可以分成三個面向來討論：**托嬰、品質、管理**。其中「托嬰」談行業類別下的經營運作生態，托嬰行業所生產的不是產品而是托育勞務，藉由執行勞務而獲取報酬，其行業中的主要運作結構由管理者、托育人員、家長三方相互拉扯、配合所組成。「品質」注意的是服務效果或稱滿意度，托嬰行業中的內部客戶是教保人員；外部客戶是托育家長。而品質的好壞常常透過育幼兒的成長發展、內外部客戶的回饋作為評判，在托育行業中也會透過評鑑系統，托育品質也來確保行業品質的穩定。「管理」討論的是如何藉由制度與流程，來解決市場的外部競爭與內部整合，其目的在於創造企業組織長期發展的可能。**托嬰機構通常分為三部分：行政、教保、衛生三大系統來討論管理**，行政通常包含人事、行銷、財務、總務、文書等偏向系統制度面的操作，因此也會是本書討論的重點。

◎ 托嬰

一九八〇年代起，大量的進出口外銷，台灣製造業勞動需求增加，造成婦女投入職場與雙薪家庭基礎的發生。同時，家庭結構的改變，更加速了托嬰行業的崛起。幼保專家武素萍提出由於家庭結構改變，核心家庭逐漸取代過去的大家庭。現代社會家庭支援系統逐漸式微，家庭內沒有多餘人力，足以負擔照顧年幼子女的托育問題，使得各類托育服務與托育需求與日俱增。所有行業的形成，都是由點成線，由線成面，托嬰行業的轉變，也是如此。托育權威涂妙如的研究中歸納出嬰幼兒的照顧模式包括：母親自行保育、親人托育、保母托育、外傭托育及托嬰機構托育等五類。配合著社會托育需求的升起，台灣政府於 1976 年起，有規範的開始進行保母的職業培訓，將保母列為職業培訓證照化的考試之中。自此，證照化提升了托嬰行業的基本素質，也加速了婦女二度就業的投入與選擇。

隨著時間的推移與政策法令的日趨完善，許多資深且對於此行業有興趣熱忱的保母，依靠著熟悉的經驗投入了托嬰機構的設立。對於這樣的管理者而言，托育能力是他們反覆在日常工作經驗累積出來的專業，他們擅長以人情味的方式與家長進行溝通，喜歡用他們的經驗判斷幼兒的發展。他們相聚組織成假日共學的協會與團體，當然也有以幼兒園或幼教相關產業，如：教玩具、教材等跨足延伸至托嬰行業的管理者，他們在管

理的運作上，自然相對於以居家或社區保母轉型托嬰機構的管理者更加流暢並懂得掌握管理模式。看著行業興起的過程，我們不難發現「管理」對於某些托嬰機構的負責人或管理者是陌生的。並非是托嬰主管人員沒有受訓，而是「管理」需要配合著滾動式的市場機制而產生有利於組織的作為與決策，市場的變化與管理的訣竅兩者間須產生連結，也就是管理需要解決市場上的外部競爭與內部協調整合。不擅長的事情每天做，你就會是專家；擅長的事情每天做，你就會是達人。

◎ 品質

品質＝性能（結果）／期望≥1，此為貝斯特費爾提出的品質定義，也就是品質評估為所獲得的結果大於等於本來的期待。但品質標準不是最終決策的來源與依循，而是客戶的滿意度才是。全面品質管理（Total Quality Management,TQM）是由上一個世紀美國的費根堡姆和朱蘭所提出，主要是指一個組織以「質量」為中心，其中質量意指最適合一定比例顧客之需求條件，並透過全員參與的基礎，提高顧客滿意與達成組織效益的長期管理途徑。藉由一個過程、四個階段、八個步驟以客觀的數據統計分析方式，來達成管理。

一個過程，意即企業管理是一脈絡可循的過程，企業在不同的時期、時間應該完成不同的企業任務，每一項生產經營活動，都會經過生產、形成、實施、驗證等過程。以托嬰機構為

例，我們的顧客是送托的家長，其所需要的是在契約的托育時間內，代為照顧其幼兒，除了保障其生理和安全需求外，並提供他們認知學習與情緒的關注。托嬰機構所產生的是服務性勞務，並藉此獲得報酬以維持托嬰機構的運作。**四個階段**，美國戴明博士提出計畫（Plan）、執行（Do）、檢查（Cheak）、處理（Act）的四階段迴圈，透過循環的迴圈利於管理者進行修正與落實管理。**八個步驟**，為了改進質量問題，PDCA 四階段又可具體分為八個執行步驟：提出計畫、制定措施、執行計畫、落實措施、檢查計畫、實施情形掌握、總結經驗、工作結果標準化。全員一同經歷四個階段後，將收集到的數據客觀地進行分析，針對問題解決，不易讓參與者（員工）有被針對的感受，益於凝聚共識與形成工作流程，發展出組織認同與文化，全面提升品質。

管理

　　管理學常言管理四大功能：規劃、組織、領導、控制，其目的是使企業能夠在穩定的節奏上運行並朝永續發展的可能前進。透過制度、數據分析協助管理者有效掌握企業的發展，評估與決策風險和效益。既然市場擁有一雙看不見的手，那管理便是手套，當手套越貼合自然能充分活躍於市場競爭之中。透過管理解決行業中所面臨的經營問題，以確保自由經濟市場

下，企業組織能存活於行業中。若運用層級的方式討論，市場
（經濟體）底下是不同類別的產業；產業底下是不同行業；行
業底下是企業、公司，每個企業、公司透過管理以維持運作並
創造獲利。行業屬性與類別的差異，影響著管理做法與經營模
式，因此，商業模式成為近年來企業組織探究的熱門話題。想
要掌握企業有效管理模式前，必先了解行業屬性以及行業的成
因，才能找尋出此行業在市場需求與供給的循環基礎為何。管
理的癥結往往由供需之間的循環中發現，義大利經濟學家柏拉
圖在他的第一篇文章《政治經濟學》中說明了 **80 ／ 20** 法則又
**稱為關鍵少數法則，提出百分之八十的問題都受關鍵的百分之
二十主因所影響**。管理學中許多學者針對不同的管理面向，提
出相應的處理方式與模式，例如：五力分析模型、SWOT 分
析、行銷 4P、人物誌 Persona、STP 分析、PEST 分析都是能幫
助您聚焦策略思考的工具與方法。相信管理的最終目的是為了
企業組織尋找當下競爭力與長期經營力。

　　由近年來新聞媒體的報導與整理許多研究文獻中發現，托
嬰行業管理者最頭疼的問題，出現在內部與外部客戶的經營運
作上面，面對外部客戶（家長）無法達成有效溝通與托育共
識；面對內部客戶（教保人員）無法促進專業技能與素養的提
升，兩者交雜之下，突如其來的意外就會令管理者需要面臨危
機的處理，無法建立托嬰品牌的形象。

1-2　危機管理

　　神醫扁鵲是春秋戰國時代的趙國人，家族裡父兄輩都是醫生，一天魏文侯問扁鵲說：「在你們兄弟三人之中，誰的醫術最高明？」扁鵲的回答卻令魏文侯驚訝，不是自謙而是充滿哲理，扁鵲說：「三人之中，我最下等，大哥最高明，二哥次之。」又言：「大哥治病，觀察神色，未有病跡前就除掉了，因此名聲不會超過家門；二哥治病，於病情初起之時，因此他的名聲不會超過巷尾；而我，人都犯病嚴重了，用針刺進他的血脈之中，給予有毒性的藥物，還要在按摩加以輔助，於是乎我名滿天下。」若單由疾病預防的角度觀之，此故事透露出預防勝於治療、未雨綢繆的觀念。但若放大在企業組織的問題癥結上面，便顯露出當問題還未發生卻不懂得預防，累積成小問題也不願即時處置，那最後的下場就是問題無法收拾，需要用強烈的處理方式來挽回並阻止消息遠播。

◎ 「危機」的誕生

　　「企業危機」如人體疾病一般，往往由組織內部漸生萌芽，最後由外部給予重擊，被迫需要緊急處置來挽回聲譽。處

理的時間點，也透露出所需負擔的代價與成本。危機為病，發生之前預防，問題只有組織內部的人員知道；發生之初補破網，問題也許只有相關協力單位或有合作關係的人知道；事態嚴重想補網，問題早已滿城風雨眾所皆知，要處理的不僅是問題本身，還需要面對更多枝微末節的審視。

根據學者邱志淳對於「危機」提出的說法，赫曼（C.F. Hermann,1969）曾指出，危機的發生必須具備三個條件：

- 管理階層已經感受到威脅的存在，並意識到它會阻礙組織達成其優先目標。

- 管理階層了解到，如果不採取行動，情況將會惡化，終致無法挽回。

- 管理階層面對的是突發狀況。

同時，提及危機具有以下特性：

- 威脅性：危機的發生在於此種緊急情況威脅到組織的基本價值或目標，而影響到決策者的決定行為。

- 不確定性：由於外在環境的變動迅速，加上人類的理性是有限的，因此無法完全掌握所有的資訊，無法精確地評量每項事物。

- 時間的有限性：決策者對於威脅情境的處理，在決策上有限的反應時間，迫使決策者必須以有限的資訊或資源為基礎作出決策。

- 雙面效果性：危機是有「危險」，也有「轉機或契機」，危

險就是危機所具的負面效果會威脅到組織的生存目標、價值或利益，進而影響整個組織的運作。

因此，若由字面上解釋危機二字，危機＝危害＋機會，這是非常衝突的兩個語詞，危害代表著會形成損失與傷害，機會代表著轉圜的契機與可能。這是谷底見曙光的意象嗎？還是說明狀態進行的可能性？危害的發生通常來自於可掌握與難以掌握的意外，必然存在一些已知的條件。

誰會願意沒下雨也天天帶傘出門呢？除了經歷過多次雨中奔跑躲雨的人，經驗讓我們懂得預防與準備，因為「意外」總是讓人措手不及。當然，意外可以是不經心後的提醒，因為我們長期地刻意忽略或忘了留心，例如：運動傷害可以是來不及適應改變而發生地急迫性調整；疾病可以是我們經驗中未曾帶領我們思考與看見的細節。無論意外來臨的原因為何，都將為事件帶來一定程度地損傷和改變。

危機中的陽光，大概就是機會的概念吧！俗話說：「危機就是轉機」。唯有從危險中試練出來的機會，才是契機、才有轉機，能抓住機會、避免惡化，就能自成良機。因此，決策者的抉擇與組織的計畫會決定危機所帶來的結果，正面效果是促進制度的革新、環境的變遷等；負面效果則是生命、財產等損失。原來危害中的改變都有機會迎來新的發展，如同，破壞永遠走在建設之前，沒有強大的破壞就不會產生巨大的改變，而改變的另一面就是契機，為了維持與存續，不得不扭轉的思

維，或許是另一種看見。

　　既然我們已經清楚危機的長相與出現的時間點，接下來透過 PEST 分析模型來探究托嬰中心在市場環境中基本樣態，藉此分析危機應變態度與處理方式。

◎ 如何處理「危機」？

　　PEST 分析模型是檢視外部巨集觀環境的一種方式，指的是一切影響行業與企業組織的外在環境因素，通常以政治（Political）、經濟（Economic）、社會（Social）、技術（Technological）等四大類進行討論。以托嬰中心進行 PEST 模型分析我們會考量到的面相分別為：

政治 （包含法律）	經濟	社會	技術
托育政策規章	徵稅	收入分布	資訊訊息變革
相關法律	經濟成長率	人口出生率	科技更新週期
競爭原則	消費者偏好	家庭結構	網路科技
政治穩定性	就業程度	福利補助	產業技術革新
政府態度	利率	生活方式變革	科技系統運用

　　由四個面向的分析可以了解托嬰中心在大環境中的處境，按著各面向進行討論，舉例來說：依照現行政策規範，托育行業除了私人立案許可的托嬰中心外，還有公共托育中心、公辦

民營托嬰中心、公共家園、準公共化托嬰中心、居家保姆，種類多樣且依循法令規定的權責與社會福利補貼型態皆有差異，提供消費者進行選擇。而在政府不與民爭利之原則下，公托與公共家園加設置均有條件。列出所有現行環境的情況後，在進行優劣利弊分析，在此不額外著墨，僅舉例分析方式。

若將 PSET 模型套入危機情況，我們可能會面臨的環境條件為：主管單位以法令、規則監督托嬰中心，加上目前社會福利所提供的托育補助，大部分的家長皆會選擇有立案許可並且可提供補助申請的托嬰中心，此於台灣社會經濟的年成長率和國民年均所得均有關係。因此，若發生危機或消費客訴，政府就會依照情節嚴重程度停止園所與政府的補助合作關係並且依法令開罰。

依照現行家庭組合多為雙薪小家庭，送托後最不希望就是遇到疾病預防停課等需要配合請假的情況，可以見得家長在托兒需求上可支援的人力是為不足。配合著科技的發達，監控設備的普及化，也提高家長托育的安心程度。同時，網路搜尋的便利性高，家長們也會透過網路學習或吸收育兒的知識，再加上網路線上溝通的即時性強，許多托嬰中心也開始接受資訊科技的運用與家長們溝通。因此，若發生危機情況，家長們除了立即考量所遭遇的情況對於自身工作與生活的影響外，還會運用網路搜尋相關的解決方案。

當然，危機也有可能來自於內部員工的問題，同樣在目前

托育行業的薪資結構中，托育人員的薪資普遍仍為低薪族群。因此，勞資同心自然流於口號，同時網路資訊的發達，也帶動了員工間的串連，因此若發生危機情況，同樣也免不了受科技資訊的影響，提高問題處理難度。

過往言論自由是民主的象徵。只是當時的言論只能影響到身邊這群人，或透過時間傳遞蓄積言論能量。如今，科技網路的進步，當人人都可以是主播時，言論的多元性，可以是助力也可能形成阻力，尤其是當企業發生危機的時候，輿論的爆炸力及其擴及的範圍，難以想像的大又快。

因此，托嬰中心面臨危機時，受政府法令處罰事小，麻煩的是科技所帶來的連鎖反應，常以管理者措手不及的速度席捲整個企業組織，甚至輿論公審也是現代常見的危機風暴。

目前台灣常見的危機處理方式，大多會在危機事件被報導或形成網路聲浪的 24 小時內，利用官網或是社群媒體由企業發言人或公關部門做出回應，但往往以單向貼文居多，未開啟雙向對話的溝通效果。比對新聞媒體常報導的虐嬰虐童事件，托嬰中心的業者往往第一時間避不見面或選擇迴避，或者少部分會由員工代為說明；也常常因為公開貼文的內容無法滿足媒體想了解的狀況，轉而訪問家長或鄰居等能間接提供看法的人。如此一來，反造成危機問題擴大並且有可能模糊焦點，造成渲染和輿論間的口水戰，托嬰中心的事後說明或還原過程反而會被民眾認為是辯解、開脫。

　　歸納托嬰中心最常見的危機問題，包含：嬰幼兒猝死、異物梗塞、意外受傷、監視死角糾紛、疾病照顧賠償、施虐、情緒暴力等。除了監視設備是環境設置問題外，其餘皆與托育照顧人員有直接或間接的關係。而身為管理者無論哪一環節出問題，皆需承擔業務過失的連帶責任。

　　透過模型分析，我們可以知道科技的進步，改變了危機與企業的關係，以往面對危機的衝擊，企業都還有時間能召集重要幹部會議進行危機處理的沙盤推演或相應對策。因此，能在 24 到 48 小時（危機黃金時間）內便有方向的回應危機，甚至有機會將危機導向為轉機。然而科技的進步，使得危機處理的黃金時間大幅縮短，你認為若一部影片上傳只需要 3 分鐘，那你能有幾分鐘來面對接下來的改變呢？

　　負責人或執行長的角色改變，科技讓我們能透過搜尋引擎找出負責人，甚至以網友的說法就是「起底」。因此，面對危機的發言，民眾往往不再接受公關或發言人等回答角色，反而要求被起底的負責人出來面對面溝通，這樣的方式無疑讓許多企業少了許多轉圜的餘地與退路，也就是當負責人無法平息輿論或提出足以安撫民眾的解決方式，危機就如雪球般越滾越大。

　　當然，也許能以變通的一對一專訪或影片等回應方式公開在官網上面，除了傳遞負責人立場外，更需要即時回應網路聲浪。危機往往如颱風掃來般，風怎麼吹？風向就怎麼跑。科技帶起網路意見領袖的舞台，有時我們常見的專家學者對於民眾

的影響力，也許遠不及網紅、網路鄉民們的意見想法。誰有麥克風，誰就是主角。若意見領袖在企業危機上面再補一槍，可想而知危機風浪會如颶風般襲擊企業；反之，也可能因此減緩危機所造成的嚴重程度。

輔仁大學傳播學院院長吳宜蓁於 2017 年接受哈佛商業評論訪問時，提出在數位媒體興起之下，危機與企業組織關係的改變。簡單摘錄訪問的重點：**數位媒體代表著手機影片傳輸的便利性高與訊息傳遞的速度快，以及網路公眾串流聲浪的意見者多**，三者的結合下縮短了危機處理的黃金時間，提高了危機對於企業所造成的反彈最用力與形象殺傷力。企業若無重新制定新的危機處理標準作業程序（SOP, Standard Operating Procedure）很難挺過危機、減少企業負向的影響。

透過上述，你應該大略能了解托嬰行業身處的環境狀態，依此建立危機處理的 **SOP** 守則：

1 即刻回應，真誠明確

當問題發生需要跟科技機器人比快時，我們只剩下真誠與有溫度的語言了。準確地面對問題，真實的說明來龍去脈與疏失，過往的經驗僅是參考，而當下的問題是我們沒有注意到改變或即時調整。總之，問題已經發生，就必須真誠地提出處理意願。千萬不要抱持搪塞的態度，想著改天再看風向講話。一

個謊就要拿 100 個謊來補，尤其是在眾人聯合檢視之下。

2 緊盯輿論，控制損害範圍

面對問題千萬不要存有「以前發生過也沒事」的心態來看待危機，這不僅可能成為管理決策者的致命傷，更可能因此錯失最佳處理時機與限制了處理想法。危機之下很難避免損失，但如何控制損失就是企業的智慧了。而會造成損失擴大的主因是「輿論」，因為這是環境氛圍與觀點的連鎖反應，輿論會提醒我們這件事情的發展到底往哪裡去？若無法有效解決民眾問題，那將成為媒體閃光燈下的要聞新寵。

3 衡量代價，知道自己可承受的最大損失

托嬰中心在面對危機問題時，通常會碰上主責監管單位——社會局的關切，以及希望托嬰中心能妥善處理危機的要求。例如：第一時間道歉、彌補損失……，但千萬不要把主責監管單位視為同一陣線的問題處理者。雖然他們也有連帶被媒體受訪或被民眾指責的機會，但立場不同！要知道他們是被迫面對危機的。

也許有些托嬰中心有法律顧問團隊，律師的角度和公關發言人的角度有時不一定一樣，律師看得是損失賠償的範圍；公關看得是商譽與品牌價值的未來性。該聽誰的，該怎麼說，需要衡量問題延伸與擴大的方向。

4 談判前，換位思考

如果你是當事人，在什麼情況下你會願意平息這場風暴？雖然企業陷入困局，面對必然的損失肯定不舒服，但若同理對方，換位思考，或許我們會知道為何對方會用小蝦米槓上大鯨魚的方式跟你拚上一把，也許要求補償地背後有其他原因與堅持。尤其在托嬰中心的危機問題上面，家長會奮力地擴大事情，一定與幼兒的狀態劃上等號，想想如果你是對方，你會怎麼要求？

5 適時轉移焦點

守著危機的發展，是管理者面對危機時無可避免的任務之一。但若能適時轉移焦點，扭轉關注視角，就有機會減短風波的持續性。但其話題相關性需要與民眾在意的地方有正相關，否則容易被認為是故意逃避問題。例如：托嬰中心幼兒意外造成輿論焦點，但剛好發生疫情與幼兒無疫苗施打的情況，而托嬰中心貼出對於幼兒防疫的流程、證明自己對於幼兒照護上面仍是用心，減緩民眾對危機問題的關注。

6 組織教育訓練

若將危機的發生視為對管理者一種最嚴厲的提醒，那身為管理者便應該記取教訓，學習著「不貳過」，甚至進階的完善相關的流程。為達成這樣的目標，需要有計畫的安排教育訓練，讓組織內的員工知道面對危機該有的基本動作為何。包

含：對外單一回應窗口、回應技巧、隔離問題不影響正常運作、發言時機、如何張貼處理訊息，甚至如何製作一對一訪談等都能成為托嬰中心的危機教育訓練篇章。

對於可預期的危機問題與類型，進行列表。並且進行會議討論預防危機方式以及發生危機後處理方式。

7 運用危機，轉為契機

曾有人說：「若沒碰上危機，都不知道上頭條能受到這麼多人關注。」當然這樣的灰色幽默是自我解嘲，都上了討論版，還有什麼選擇嗎？

危機帶來的人氣，無論支持或反對，市場都放大眼睛看著企業如何改變，你的調整將會決定是否有機會再次獲得市場上的認同。隨著危機的發生，企業必然經歷了震盪與調整、做好面對的態度。縱使看戲的比演戲的人多，但好的改變仍會讓看戲的人留下深刻的印象。

根據危機 SOP 守則，托嬰中心須將擬定危機處理流程與做法，並列入教育訓練和日常會議的討論中，預防和警覺才有機會降低與危機相逢的可能。右方 QRcode 是 SOP 範例流程示意圖，有助於你快速了解！

SOP 範例

1-3　如何與家長溝通？

　　三十年前的父母遇到育兒問題，唯一的選擇就是詢問長輩，碰上好人緣還會有熱心的社區鄰里的婆媽們，用他們的經驗陪你一起養育孩子長大。農村社會裡幼兒成長的參照版，大多是鄉里年齡稍長的大孩子們或自家的哥哥姐姐。或許孩子生多了，父母自然會發現一些育兒規則；或許生活上的壓力讓父母無暇分神多留意孩子的成長情況。反觀科技飛速發展與家庭結構改變的現在，父母育兒方法也跟著大躍進。

　　高手過招，「谷哥大嬸」網路搜尋滿足你所有的為什麼。有純分享心路歷程的經驗篇，有專家學術的理論篇有商業引導的建議篇，總之，網路育兒吸晴大法，填滿了父母的內在的想要與辨別的思考價值觀。你若問：「網路的言論未必真實！」但父母們會說：「我只是參考，而且網路只是提供我想法又沒有強迫我應該要怎麼做。」又說：「反而是老一輩的人總認為自己是對的，育兒想法又錯誤、早就過時了。」人就是這樣有趣，放個釣竿願者上鉤，那叫心甘情願；套個圍欄跟著慣例做，那叫百般不願。

◎ 「育兒」的三角關係

時代提醒了我們在托嬰行業所面臨客戶樣貌的改變，從前托育人員給予家長的建議，家長大多都是配合且接受，只要開口說：「這樣對孩子最好！」父母就百依百順的相信了，誰叫托育人員或保母相對於父母更有經驗呢？現在，托育人員還沒找父母聊聊托育的情況，父母反而主動告訴托育人員，接下來我的孩子要怎麼養！提供了一堆網路專家的建議，要求托育人員按表操課。若托育人員說：「這樣對孩子好嗎？」父母會說：「我的孩子，我負責！」因此，「與家長溝通」成了托育人員的一大困擾。

還記得曾經聽過的一個笑話，有個男孩為了要去見心儀的女孩，特別去理髮店理髮，一座上位置，設計師問：「怎麼剪？」男孩說：「隨便，好看就好。」接著，就是大剪一揮，稀哩呼嚕就成了光頭；這時，一個女孩走進理髮店說：「我要剪得跟這照片一樣！」設計師問：「這樣會好看嗎？」看著女孩堅持的眼神，接著也是大剪一揮，女孩也成了光頭。正當設計師納悶著今天怎麼這麼多人上門理光頭的時候，男孩和女孩相識一看，指著對方大笑又看著鏡子大哭，雙雙質問設計師為何髮型這麼難看，設計師說：「男孩要求好看，我確實覺得男孩光頭造型前衛；女孩堅持跟照片一樣，但她的臉型就跟照片不一樣，最終好看與否也只是個人觀感罷了！」然後心想還好

一進門就先收了錢。

　　溝通，不僅僅只是表達自己的意思，還需要理解對方的想法，聆聽對方的需求，同時，在雙方都理解想法後還需要進行統整與產生合意的結論，這樣才稱得上是溝通，否則只是單方面的表述或一方面的接受，也僅僅是完成表達並無法取得對方的認同。有意義的溝通，最終所希望達成的就是彼此對於討論的事情有共識、有認同，有一致的目標。

　　托嬰園所、家長、教保人員之間的三角關係，往往因立場不同、看法不同、觀點不同對於同一件事而有不同的解讀，而管理者若能凌駕於三方之外來觀看，會發現三方都是為了一個共同點──幼兒，來進行拉扯。幼兒是我們所在乎的問題核心，也是誘發溝通的起點，既然由起點開始起跑，那我們希望帶領幼兒感受到哪些生活與感受呢？

　　家長，是托嬰中心的戰略共同體；托育人員，是托嬰中心的合作夥伴，而托嬰中心本身是一個友善的載體，提供管理者、家長、托育人員三方共同對幼兒的照顧，一起付出並且取得共識、目標。站在不同的立場，我們能夠同理為何對方會有這樣的反應嗎？或者只是一味地認為對方的表達就一定是要求與指責？曾經，托育人員面對與家長溝通上面的難題，而提出有趣的討論：「孩子到底是誰的？」若是你，會怎麼回答呢？要是直覺性的回答孩子是家長的，既然家長想要怎麼照顧，就按照配合即可。那麼試問，托育人員的專業技能與素養算什麼

呢？政府又何須提供專業的職業訓練給托育人員呢？又或者迂迴的回答孩子是父母委託我們照顧的，我們的專業是為了提供照顧服務，而非與家長溝通？

　　或許有些管理者認為消費就是銀貨兩訖、你情我願的對價關係，因此，托嬰中心提供服務，家長購買服務，即是簽訂托育契約的市場經濟行為。或許有些管理者抱持著「我的專業我負責」的心態在經營托嬰中心，因此面對與家長的溝通，拉拉扯扯都是為了如何給孩子更好的照顧，無論三方如何角力，最終我們的焦點仍然會回到孩子身上。在以孩子為中心的前提下，如何與家長進行溝通呢？或許我們能由幾個面向來討論，包含：家長類型、溝通步驟、溝通時刻等。

1 家長類型

　　學者Williams、Alley & Henson以關心學校教育的程度與教師合作程度相交提出四種家長類型，分別為積極型、嚴苛型、放手型、冷漠型。（如下圖）

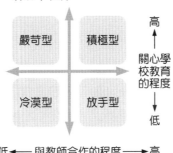

　　積極型的家長：無敵意、合作意願高，這類家長通常熱心參與園所需要的支持與協助，同時表現出對於托育人員專業的配合。此為托育人員最喜歡碰上的家長類型，家長的參與不會讓托育人員覺得是壓迫反而樂於分享托育大小事，縱使幼兒畢業離開，仍會是園所的托育分享者。這類型的家長，喜歡藉由接收園所的日常瑣事來參與，例如：志工爸爸、繪本媽媽、種菜奶奶等，可開闢一個社團管道，凝聚這類型的家長一同開辦園所特色。

　　嚴苛型的家長：常常扮演監督者對托育人員下指導棋，並且同步檢視是否有按照其要求做事，通常這類家長會有自己的教養計畫，容易認為沒有辦法達成幼兒發展的目標，是托育人員沒有盡力配合或托育人員不夠用心的緣故。面對嚴苛型的家長，托育人員不僅在照顧上面臨壓力，心理上更是承受著無比的恐懼，這也是造成托育人員離開職場的原因之一。**面對這類型的家長，建議把育兒的問題婉轉地丟回去給家長處理，不需給予家長太多的建議，只需把眼下看見的幼兒情況，如實的表述給家長知道即可。若因此面對家長的責難，記得提出班上相似年齡幼兒的情況，同時將肯定句轉成疑問句**，例如：「班上小瑛的握持表現得很流暢，你們家孩子還沒有辦法做到。」轉為「我也覺得納悶，一樣地方式照顧為何班上的小瑛在握持的表現就很流暢？」把育兒的困難丟回給家長，並且**無須正面回應家長的情緒**。

　　放手型的家長：以完全信賴園所和托育人員的態度把幼兒的照顧與引導都交託給園所，對於學校事務的參與度不高，但對於需要配合的事項，仍會以正面的態度完成。這類型的家長通常是曾經托育過的家長或者相信托育專業者的專業，因此，托嬰中心只要能夠不定期的分享幼兒成長情況，定期提供寶寶成長的紀錄，以及有關育兒與教養的相關文章，就能開展出友善的溝通網絡。

　　冷漠型的家長：也許因為生活與工作等諸多因素，因此造成對於幼兒的成長漠不關心、不合作，一切就僅是買賣服務的對價關係即可。時常對於托育人員的提醒也是丟三忘四，發出去的通知單也常常有去無回。**面對這類型的家長溝通的難度也不亞於嚴苛型家長，因為孩子的照顧需要家長擔負起基本的配合與健全其家庭的功能，而冷漠型的家長通常對於育兒的期待較低，所以願意投注的心力也較少。**因此，托育人員必須更加用心記錄幼兒在園的生活狀態，這是對園所與托育人員的保護。

　　建議可以在幼兒入園一個月後的行政會議上提出討論，除了了解家長在意的問題外，同時大家共同辨別家長類型，整理出共識。為何需要在會議中提出討論呢？因為每個托育人員都代表著園所展現出的形象，面對家長的態度與家長溝通的方式，也都是呈現園所樣貌的方式之一。

2 溝通步驟

　　資訊的透明與易得，造成家長們更容易取得相關育兒的經驗與方法，身為受託之單位，我們需要主動建立與家長良善溝通的關係。這種感覺如同情竇初開的男孩想要認識對面女孩一般，男孩想要了解女孩就會試圖讓女孩產生注意，我們與家長的溝通也是一樣的，需要主動的去了解並引起注意，箇中美妙在於有意義的「了解」，我們不只是需要跟家長談話更是需要了解家長的教養態度、育兒想法、成長歷程……。**溝通祕訣三部曲：建立關係、情感加溫、嘗試了解。**

　　「關係的建立」在任何一個環境、行業都會是入門的第一步，有句玩笑話說：「有關係就沒關係。」意思是只要你的人脈關係四通八達，那麼一切問題自然都好解決，變成沒關係。雖然說得有些誇口，但也透露出關係建立的重要，人與人之間需要一座無形的橋樑，就是關係。「關係」到底是什麼？關係就是打算用什麼方式與對方產生連結的開始，而托育人員與家長的關係建立，往往都來自於送托的幼兒，也就是我們與家長的橋樑，因為「幼兒」，我們會與家長出現共同的討論、話題、目標。因此，**要溝通之前首先要找到那連結的橋。**

　　搭建起了連結，彼此有了初步的關係後，就是天天問候多關懷。情感的溫度計是需要慢慢加溫的，別忘了「我的認為」永遠只是「我的想像」，情感是需要透過許多的相處、日常的

點滴累積而成的。這樣情感關懷是托育人員容易疏忽的小細節，我們常常專注於處理孩子的問題，與家長交代今日的情況，而忘了留意一下家長的臉色或感受。也許只是一句你今天看起來氣色真好，就能讓家長感受到自己原來也是被關心的。釋出善意累積情感存摺的溫度，會為未來的溝通敲開友善的門。

有了情感的關係還不夠，因為我們需要更多的了解來幫助我們分析，提高托育的專業價值。因此，嘗試了解五個重要育兒關鍵，包含：**家長職業、家庭結構、個性、假日休閒、育兒擔憂等**，並且詳實的記錄下來，有助於協助我們了解家長需要哪些專業的提供，以及什麼樣的情況容易引起家長焦慮。例如：A幼兒的父母在電子業上班，自己在外租屋組織小家庭，常常因為幼兒夜奶等作息問題造成夫妻有衝突，先生比較喜歡手遊，太太喜歡逛街等。從這些資訊來看，可以知道目前家長急需我們提供的專業服務在於調整幼兒作息、提高家長的睡眠品質，同時還須提供家長一些育兒指導APP和可以逛街的幼兒館資訊。

溝通需要在有計畫與步驟之下進行，才能達到事半功倍的效果，切忌莽撞直接的問答式溝通，不僅容易引起雙方有指責的意味更容易不小心扭曲溝通的美意。

3 溝通時刻

表白也要看時間；求婚也要看場合。托育人員與家長溝通應該選擇什麼樣的場合和時間點呢？一般托育人員會透過寶寶

日誌提供家長了解幼兒的一日生活、學習清況，同時在上下課的接送時間，也會有機會進行短暫的面對面溝通。當然有些園所還會專門安排家長日或親子活動日，透過活動與家長進行主題式的溝通。因此，藉由每日的寶寶日誌紙本往返、接送會談，與不定期的電話訪問、主題活動，都是托嬰中心能夠掌握的溝通時刻。

時常在寶寶日誌的親師分享溝通的欄位看到這樣的內容：今天寶貝玩得很開心，吃飯、睡覺也都很正常。或者，今天寶貝到沙坑玩沙，我覺得他很開心！以上這樣的內容都是無效溝通，因為並沒有明確說明出因為何事而很開心，以及所謂的「正常」是指都有按時間吃飯睡覺嗎？同時，你覺得幼兒很開心，是因為看到他嘴角的微笑還是手舞足蹈呢？**具有畫面感的書寫，才能真正讓家長藉由內容感受到幼兒的情況。**因此，托育人員應該珍惜每日與家長溝通的機會，美好是需要累積感動歷程，縱使只有幾句簡單的話，例如：寶貝今天嘗試以三指握持的方式拿湯匙，發現比之前用反手握持更不會撒出食物，寶貝手部動作的發展越來越精熟了。或許也能透過圖片或照片的分享，先給照片再講陳述情節的方式，也是容易與家長建立共鳴的方法。

和家長接送這短暫的相處，不須急忙交代幼兒的作息，建議可以挑一件今日活動的情況作分享。同時別忘了關懷家長的感受，了解家長有沒有想分享昨日家中與幼兒的相處清況。不

定期的電訪可以有主題性也可以是日常的問候，重要的是了解家長有沒有急切性的育兒需求與親職教養問題。當然，也許托嬰中心的托育人員與管理者未必有信心能解決，但我們若能與家庭同步，共同合力尋找資源，家園共育協助健全家庭功能，才是托嬰中心深層的價值。

舒服的溝通距離，是我願意了解你而你也願意聽我說，不用靠得太近，也不須築有高牆。當托育人員認為家長總是意見多又難相處時，你的假設已經為你建築了防線；當托育人員認為要用感情綁住家長才有信賴時，那種黏在一起的熟識，反而讓許多應該說清楚的話不好明說，**溝通是需要有適當的距離，來展現誠意並釋放善意的對談與往來**。準備好正向的溝通態度，選擇適當的時間，運用溝通工具來協助我們與家長的戰略聯盟更加牢固。話不用多但須誠，理不用雜但須真！

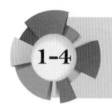

1-4 教保人員之技能與素養提升

　　企業需要組織間相互配合才能夠順利運轉，托嬰中心的組織相對單純，但也必須符合法令的托育師生配比。依照目前托育師生配比 1：5 的規定，我們就能簡略計算出假設一間收托 30 人的托嬰中心至少需要 6 位教保人員。這樣的組織規模不算大，同事間的相處似乎也不算複雜，穩定的上下班時間，薪資雖與國民年均收入相較，仍屬於低者，但以二度就業的婦女或畢業剛踏入職場的新人來說，不上不下倒也還能接受。

◎ 托育人員的職業態度

　　面對托嬰中心的招聘，當管理者問及：「你為何想來托嬰中心工作？」一般可能收到的回答：「我本身很喜歡小孩。」但喜歡不等於有興趣，有興趣不等於能勝任，充其量可以解釋你因為喜歡小孩，因此對於小孩的包容力與耐心、愛心可能相對高一些。或者有些面試者更直接一些地回答：「因為托嬰中心不需要像幼兒園一樣要編寫課程、做主題。」托嬰中心雖不需要進行主題課程教學，但面對嬰幼兒成長必需的生活自理訓練與活動，仍是需要老師有安排與設計的能力。比如說除了例

行的吃、喝、拉撒、睡外，還有許多互動必須進行。還有人會回答：「不用像月子中心需要輪大小業與輪休，沒有週休二日。」托嬰中心與月子中心所經營的時間本來就不一樣，擔負的職責也不同，但也許身為管理者的你已經瞧懂了他的心思。

年齡大一些的職場媽媽們會回答：「想找點事情做，配合孩子上下課的時間。」「以前就自己帶小孩，覺得這樣的工作駕輕就熟。」諸如此類。自此，隱約能探詢到大多數到托嬰中心應聘就職的人員，在取得基本資格或條件後並非真實想爭取這份工作，也許只是剛好與他內在的某些需求相符合罷了。

有些更勇敢的管理者還可能接下去問：「若進來托嬰中心工作，你對自己有什麼期待嗎？」往往得到的回答：「還好！希望能把孩子照顧好！」托育人員的基本職責就是保育安全，這應該是必須達成的工作任務，而非期待。或者有人會回答：「我的家人覺得這樣的工作比較單純，幾年後也要結婚，到時候再做打算。」確實回答地很老實，但是這也代表著對於這份工作並沒有太多的期待，只是一個女人婚前暫時的停留而已。

當然，相信仍有執著並且熱愛這托育工作的職人，這樣的教保人員必然會成為托嬰中心的重要幹部者或培育為領導者。但現實上有一大部分的托育人員是為了生活與生存而來，所謂的教育使命或專業倫理、素養等，都需要進入托嬰中心後才開始逐漸養成。常有管理者會拿其他專業的工作人員與托育人員相比較，當然不是比較專業性的技能差異，而是提出為何專業

人員的精進態度，在這些托育人員的身上似乎尋不著。

　　尋找問題的答案，總是需要回推事情是怎麼來的。由應聘的過程與托嬰中心對於人力的安排，在一個蘿蔔一個坑的基礎下，有些是趕鴨子上架的接受任務，有些是沒有完善的職前訓練，半桶水也只能撐住場面。戰場上的士兵，不一定需要報有奮勇殺敵的氣概與決心，只要懂得拿槍面對敵人掃射即可，同時更重要的可能還是要怎麼活下去。

◎ 提升專業能力的 6 大步驟

　　要談專業技能與素養能力的提升時，管理者需要先清楚地知道員工所謂何來？以及到底內心真正想要的是什麼？真正想要的人，不會有理由；不想要的人，滿是藉口。對於專業能力、素養的提升，是管理者的期盼，但是否真的是托育人員的想要呢？我們都知道要進入托嬰中心任職，是需要有基本條件地。依照法令規定，教保人員須為保育相關科系畢業或取得勞動局所頒布的單一級保母證照。同時健康檢查通過，沒有肝炎等容易傳染的疾病，並且沒有犯下重大刑事案件，需取得良民證。除了這樣的基本條件，剩下的就是托嬰中心因其理念所另外增加的要求，例如：蒙特梭利教育證書、嬰幼兒按摩證書。

　　進入托嬰中心後，每年仍必須完成 18 小時的在職研習時數，這樣的標準關乎托嬰中心的評鑑考核成績。因此，也會變成托育人員就職考核的條件之一，相對於其他行業沒有明定的

在職研習時數，托育行業對於人員的進修要求，是看重且花費心力去培養、提升托育人員的能力。既然每年都有研習的機會，坊間更有許多自費能取得證照與進修的訊息，為何管理者仍對於托育人員的專業技能與素養能力傷透腦筋呢？我想在探究如何提升專業能力之前，需要了解何謂「專業技能與素養能力」？以及這無法公開明說的現狀——「職業態度」為何？尋根摸藤找原因，順著原因理出頭緒，才能找出作法和方向：

了解托育人員從事工作的想法

「職業態度」是指從業人員對自己所從事職業的看法與行為舉止的表現，或稱為勞動態度。簡而言之，一個人面對不同角色可以擁有不同的面對態度，也許他在交友玩樂的態度是積極，但在工作的態度是消極，這樣的態度都是屬於同一個人所擁有，此是不相牴觸的。

會影響職業態度的基本原因大多來自個人、家庭、社會、職業本身，因此當個人對於職業的抱負、價值觀以及職業本身所帶給人的外在形象、薪資、職業所能帶動的社會地位，這些都會可能會影響從事職業人員帶著什麼樣的初心進入行業中。

舉例來說：早期餐飲服務人員總讓人覺得取代性高、社會地位低、不需要太多專業技能，但數十年的翻轉，職業感受帶動了正向的職業態度，許多從業人員抱持著學習餐飲服務技能為日後自己創業展店夢想奠基。

　　托育人員面對自己的職業價值，除了提供勞務換取相對的薪酬外，往往無法明確表達，若一開始就抱持著這個工作可有可無的態度，那麼必然不會願意投入更多的專注。

 了解托育人員面對培訓的態度

　　「專業技能」指的是從事行業所必須擁有的基本處理與應變能力，如同：裁縫師至少需要知道打版、剪裁、量身等；而能不能做出一件消費者喜歡的衣服，非專業技能上必要的考量。同樣地，托育人員或經過保育相關科系的課程、實習訓練或接受其他領有經教育主管機關核定或備查之幼托相關訓練或進修班結業證書者的建議。因此，按理托育人員在從事工作前早已具備基本專業能力。當然，專業能力是否取得管理者或家長的認可，又是另外一回事了。

　　總結，上述托嬰中心管理者所面臨的人員專業技能與素養提升的管理困擾，問題的癥結落在職業態度與基本專業技能之外，其他教保、從業相關技能的養成與訓練。

　　許多人將學習建立在自身效益地連結，古往今來那十年寒窗的學習精神與日本達人式的鑽研態度，已成為精神與口號。面對現代的新世代青年就業來說，他們會更直接的詢問，這樣的學習能提高我的薪資或增加休假嗎？面對二度就業的職業婦女來說，他們會含蓄地問，這樣的學習是否有補假或家中孩子的時間不好配合怎麼辦？

曾經在某研習的場合，好奇地算起真正投入學習的人數，這與課後回饋問卷填寫出的結果，必定不相符合。身為托嬰中心管理者的你，真實地認知到這樣的情況了嗎？

 規劃需要精進的專業技能與素養

知己知彼，百戰百勝。既然找到問題也能同理對方的心態，那麼我們就需要利用這樣對方思維想法的方式，規劃出可以促進他們學習與精進的做法。首先，管理者需要先分類出從業人員需要增進的專業能力。舉例來說：

能力分類	基礎能力	教保能力		互動能力	
		教育	保育	同事	家長
說明	觀察記錄能力	活動設計	保健	協調	溝通
	拍照錄影能力	自理訓練	作息照護	支援	抗壓
	清潔整理能力	讀繪本	早療概念	合作	協調
	文字書寫能力	生活取材	疾病預防	時間管理	轉訴要點

列出增進能力的目的是為了讓管理者能夠有計畫與目標的依序提升團隊間的能力，如何列出自家托嬰中心所希望提升的能力項目，可以是管理者在日常的觀察，也可以透過會議讓托育人員自己提出想法、或以問卷的方式不記名填寫，整理出當前最重要提升的 3～4 項，作為這半年或一年的組織專業成長目標。

④ 玩起來！藉由遊戲引發動機

接著，無論對外尋求研習機會或是對內開展研習計畫，都必須將增進專業能力變成一個好玩有趣的遊戲或活動。想想除了工作、生活外，哪一件事會讓人無比心動的投入，那只有遊戲。遊戲可以競爭、也可以紓壓、還能創造挑戰，制約作用在人類的心智中早已種下容易被喚醒的種子，面對遊戲，我們心態與做法自然改變，動機油然而生。

在此，不詳細討論對外尋求研習與對內開展研習的好壞與利弊。僅針對有效提高「團隊的職業態度與專業技能、素養的精進」作討論。相信每個人都有過當一件事情充滿高度熱忱與想主動參與的念頭開始，所經歷的每一件事都是自發自動，同時還會努力想辦法解決困難。反之，當一件事情被認定為被逼迫要完成或者不知完成後所謂何事，那麼意興闌珊或草草了事應該已是可預知的結果。

提升專業能力如同開啟遊戲任務一般，管理者如遊戲規畫師，要設計關卡、要提供僥倖與機會、要產生結果的差異與淘汰機制。初階的玩法如同便利商店集點數的遊戲，完成那些課程可以獲得兌換獎品的機會。但是，需要通過才能領取下一關的闖關卡，這意味著只要有付出時間學習，就會獲得鼓勵。但是職場需要的是進步，因此若無法過關也就拿不到下一關的集點卡。也許你會問，沒有通過的人就一直反覆相同課程嗎？這

當然要看各園所在於人事制度上的規定，可以淘汰也可以再來一次、反覆多次。當同一個人反覆在同樣的課程裡打轉時，好處是他容易耳濡目染，壞處他自身感受有可能會造成離職或自我放棄。

5 打造團隊共學氛圍

但當團隊能夠營造出一個基本的學習氛圍時，就能透過團隊的力量來帶動個別的成長，而這樣的職業態度才有助於企業文化的凝聚與形成。學習，一個人顯得孤獨，但大家一起共學，有歡笑、有哭泣總是有伴的感覺，讓人舒服。

當團隊逐漸形成團隊共學的運作時，管理者便可以加入小組課程的遊戲，如同線上打怪遊戲一樣，自己的底子厚實了，就能開始練習打小組戰。人與人的情感是交流中點滴積累下來的，這樣不僅有助於人事流動率的下降，同時能夠有效提高專業能力。當然小組磨合會是一個關卡，但這也是幫助管理者了解此人是否有領導與協調的能力。

或許有些管理者會擔心，如果托育人員感情太好，到時一起離職，怎麼辦？換個角度來看，若托嬰中心有無法提供托育人員有效溝通的管道，或對於托育人員表現行為的落差，都無法察覺，那人事的去留與感情的好壞，似乎就沒有那麼絕對的關係。

6 深耕內訓展開企業組織學習

由個人出發到小組團體，最後擴大到整個組織一起學習。此時，托嬰中心應該規劃出完整內訓的框架與課程，同時可以透過申請勞動部的小人提計畫（人才成長培訓的補助方案），協助托嬰中心完成內部訓練的安排。

為何不一開始就進行這樣的計畫呢？最主要的原因是，組織內部的人員還沒準備好要一起學習，並未把學習視為一種成長與樂趣。太早開始推展，反而會流於人員容易敷衍與影響到同事間的學習效能。

對於企業人才的培育，永遠都是企業需要投資但未必可以回收的投入資本。尤其是托嬰中心所面對的是提供嬰幼兒照顧服務以及親職教養協助的人員，這樣艱鉅的任務，當然更需要專業能力與素養的提升。只是我們需要用對方法，帶領團隊前進，營造學習氛圍，提供學習動機！

1-5 品牌力量

　　若品牌用恆等式表現，你會在等號的右邊放上什麼呢？我得答案是品牌＝商標＋價值。

　　品牌，是現代消費者最習慣用來識別購物價值與價格的準則。其不僅是註冊了商標的圖騰、特徵標誌而已，還包含了企業文化與整體營運所展現的價值、消費者可衡量的信任。通常藉由品牌使用的經驗所構成，透過心理感受到的形象，產生對產品與服務之一切相關的概念標誌。

　　行銷管理大師 Philip Kotler 曾對品牌下了註解，認為品牌是企業的驕傲與優勢，藉由服務或品質形成無形的商業定位及獨有的識別符號。而這樣的符號、圖騰透過消費圈形成具有意義的價值。用簡單易懂的方式說明，**品牌就是顧客對企業產品與服務的一種認同價值，其藉由特殊標誌的圖騰作為共同的識別**。因此，企業名稱、logo、標語 slogan 等一切有助於形成共同代表企業的意象符號，是企業建立於消費者心中的價值。隨著消費者心理對於產品與服務的感受，品牌的價值得以延續或消滅。

◎ 品牌對於消費者的意義

　　品牌到底能於企業與顧客之間產生價值效益呢？首先，要有效益就要讓人充滿回憶，讓人記得這過程中的點滴，正所謂時代下的老滋味；再者，需要給予顧客相應的信心，使用感受的連結；最後，就是一種社會象徵與對自身的包裝加分，透過品牌尋找同好會。品牌具獨特個性與識別性，其目的不僅能準確向消費者傳達品牌訊息與理念，當企業形象與品牌概念能相互映襯，將延伸擴大消費者認同以及創造品牌價值。

　　林茱堯於 2019 年的研究中提出，托嬰中心的家長們對於品牌形象的感受依序為象徵性、功能性、經驗性。同時，對於不同社經地位、教育程度的家長對於品牌形象感受有明顯的不同。當然，品牌的象徵意義對於家長滿意度與忠誠度呈現正相關。因此，從研究中我們得知托嬰行業中品牌代表著是商號的名稱（象徵性強），托育價格並不受品牌價值而產生改變；**消費者在意的是價格與服務的對等性與比較性，非品牌無形的價值認同感與企業文化。**

　　蘇英傑於 2020 年在托嬰中心營銷策略的研究中，提出托嬰中心的推廣可透過品牌形象與社區進行連結；張百穗於 2013 年在托嬰服務品質指標研究中也提及托嬰中心需要建構消費者對於企業形象的認同，提高品牌識別性。由此可知，我們不難發現目前托嬰中心對於品牌的運用與建立並無準確的操作方

式，管理者多將品牌視為商標，或與消費者介紹的一個中心名稱，未有意識的發展品牌與企業組織的連結。

托嬰中心擅長以服務品質取得家長（顧客）認同，而此認同感僅限於現有托育的家長。也就是說，對於潛在客戶與歷史客戶，我們都無法透過品牌有效與之建立連結，但我們卻知道價值與認同需要時間的基礎，使其發酵。托嬰中心最常發生的情況為家長（顧客）因托育需求而來，考量價格、比較環境，最終憑著感受選擇了相對符合條件的托嬰中心，並藉由托育的過程中逐漸了解機構的文化與經營者的理念。而真正產生價值感、認同感的時刻往往都要到了幼兒要離園的階段。

贏得老家長的認同，在托嬰中心的經營上面有助於老客戶轉介紹的發生。但依照台灣多數托嬰中心規模大小來看，由老客戶的回饋創造永續經營以及持續招生實屬不易。我們若以機率的概念來理解，老客戶轉介紹需要考量兩件事，其一當老客戶對於托育服務具有認同與信心，願意持續使用並推薦他人的機率；其二為當消費者聽到老客戶推薦後，有意願跟隨並嘗試的機率。就數學邏輯論，**老客戶數乘以機率後就等於轉介紹送托數**。這麼一來，托嬰中心的經營需要仰仗時間累積出足夠的老客戶並且維持老客戶的聯繫與認同。

如此，發現品牌對於托嬰中心的經營助益不高，無法如期他行業一般，品牌對於消費者的選擇呈現出影響力。既然找出了破口就有機會，有機會就必須要掌握。

　　首先，我們需要了解托嬰中心品牌對消費者的意義為何？常見的消費者分類多以年齡、性別來討論，但托嬰中心面對的消費群為有托育需求之消費者，其消費需求明確，故在此以消費可能區分，包含：潛在客戶、主要消費客戶、連帶消費客戶、已消費客戶（老客戶）。

 潛在客戶

　　列出托嬰潛在客戶有助於我們知道如何針對潛在客戶去做品牌的推廣：

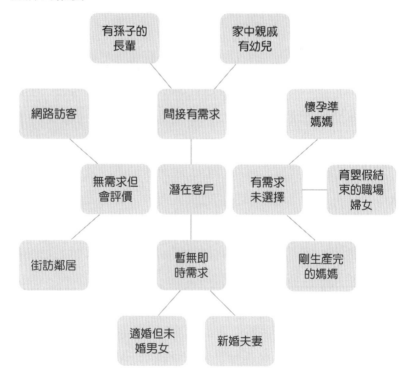

未來有機會產生消費需求的準客戶群，例如：社區準媽媽、新婚夫妻、年輕未婚族、鄰里住戶……。**這一群消費者數量最多，卻相對難以掌握消費動向與消費意願，企業開發陌生客戶不易，反而由消費者本身主動願意了解企業還比較簡單。**換句話說，**企業需要累積潛在客戶對企業的印象並建立關係，**常見的作法如：廣告播送、公益贊助等，以企業品牌形象的塑造為主。

若托嬰中心的品牌只有一塊招牌，對於潛在客戶的吸引確實不足。我們都曾經有過這樣的經驗，在熟悉的街道上，經歷著習慣的活動，到熟悉的商店購物，以為整條街都在我們眼皮底下。然而當注意力都放在我們熟悉的事情上，就很難察覺環境的改變或未注意過的可能。我們的眼中關注的永遠是當下待解決的問題。

2 主要消費客戶

即有明確托育需求並且正進行托育行為的客戶群。依照各托嬰中心的收托人數，便能清楚得知主要消費客戶的最大數值。透過托育合約的簽訂，成立對價與服務關係，主要消費客戶為現在進行中的狀態，因此透過日常的相處、接觸，對於托嬰中心的品牌感受力是最為強烈的。

倘若此時托嬰品牌的識別性與獨特性能夠彰顯，主要消費客戶不僅認同外，更清楚如何介紹其優點與特色，其幼兒便成

為最佳品牌代言人，由每一個主要消費客戶延伸出去的朋友圈或分享，皆有助於品牌形象的塑造。反之，托嬰品牌的識別性不高，對於主要消費客戶形成只是酬傭關係的服務買賣，如此品牌便不具實質意義，僅為溝通的一個符號概念罷了。

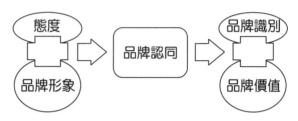

由上圖中品牌發展的歷程中可知，**消費者對於品牌產生認同後，會發生的是消費意願，非消費代言**。此為目前托嬰中心與主要消費客戶間最常見的關係，透過托嬰中心建立起的托育品牌形象以及與家長日常相處的態度，產生品牌認同。消費意願與消費代言間的差距在於品牌價值與品牌識別，此為托嬰中心在經營管理上需要強化的關鍵。

3 連帶消費客戶

即伴隨主要消費客戶而產生連帶消費感受的客戶群，因主要消費客戶累積間接的消費感受與對品牌的看法，例如：爺爺奶奶、托育家長的親朋好友、家庭醫師……。凡由幼兒生活所連結出來的人物，藉由看見幼兒的照顧狀態，感受到托嬰中心所提供的服務。

這類客戶群或許能稱為A級準客戶或點評者，他們對於品

牌的感受相對主觀。不一定直接感受過托嬰中心的文化或服務，所有的感受皆來自於對身邊幼兒的「看見」。有些連帶消費客戶會與主要消費者討論托嬰品牌的看法，但多數皆在心中埋下品牌感受後，形成自己對品牌的感受。

在科技未普及之前，這樣的客戶感受往往被忽略；但在科技進步的現代，連帶消費客戶往往會代替主要消費客戶發言，成為點評者。他們或許比主要消費者更沒有評價顧慮，或許會用其他的衡量標準來進行比較，亦或許分享或批評，而形成輿論。也許身為經營管理者的我們會認為這樣的言論過於主觀或不能代表主要消費者，但在言論自由與科技普及的加乘下，這群客戶的想法與感受也是我們所需要留心的。

4 已消費客戶（老客戶）

即曾經感受過托育服務，能說出接受服務後的感覺及當初送托的原因。在托嬰中心的老客戶分為兩種，一為因幼兒年齡超過收托規定而畢業之適齡幼兒家長；另一為有其他因素自願或溝通結束托育服務的家長。當然兩者對於品牌的感受可能會有明顯的不同。

這群客戶不僅只是體驗過服務，更是經過一定時間的相處，相對於其他客戶群與托嬰中心之間有更深的連結與品牌感受。無論對於所提供的服務滿意度為何，口碑因消費行為而發生。意味著當托嬰中心累積的老客戶越多，代表此中心在當地

的經營有一定歷史,並且受社區所接受,招牌所帶來的行銷宣傳效果也相對容易被看得見。

因其他因素自願或溝通結束托育的家長,若無相當正向的品牌認同,時常有機會成為網路討論區的留言者,俗話說:「好事沒人知,壞事傳千里。」這裡也延伸出托嬰中心在與家長溝通上需要的掌握,當網路留言者無須為網路發言而負責;當充滿負向情緒的能量,所造成的品牌殺傷力如水庫湧洩,往往形成危機。在此,我們不深入討論結束托育關係的是非對錯,因為企業組織的經營本來就需要承擔輿論轉嫁出的風險。

整理上述消費可能的型態分類,我們便能更清楚的認識與我們產生連結托育需求家長(消費者)來自何處,以及他們都是如何看待托嬰中心的品牌力量:

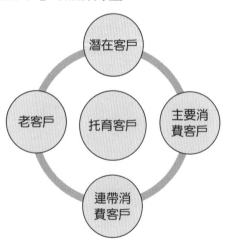

檢視自己對於哪一客戶群的經營是擅長的,或哪一客戶群

是我們長期忽略經營，而有機會開始展開經營的客戶群。依照分類逐步完成品牌與客戶的關係連結。

◎ 打造品牌力

　　在了解托嬰中心所面對的消費群後，我們接著需要針對不同的客戶群進行品牌形象與認同的建立，以充分發揮品牌力量，並運用其所帶來無形與有形的價值。在托嬰中心申請立案之後，我們需要為其取一個名字、圖騰、符號或稱為商標，讓消費者更容易搜尋，以及藉由這個名稱建立我們與客戶共同的溝通。但商標若無妥善運用，則無法形成品牌。到底品牌力量需要包含哪些元素呢？

- 打造品牌三部曲：故事、亮點、溫度
- 品牌力量＝品牌認同＋品牌代言＋品牌忠誠＋品牌聯想
- 品牌認同＝態度＋品牌形象
- 品牌代言＝品牌價值＋品牌識別
- 品牌忠誠＝品牌信任＋情感
- 品牌聯想＝品牌屬性＋效益

　　托嬰中心若同時要進行這麼多的品牌面向搭建，常給人無力的感覺，在此建議以客戶群分類逐步完成，乍看上也許並無相關，但實則不然。打造品牌非一蹴可幾，需要把時間條件也安排進來，慢慢利用策略與作法來成就品牌。

1 有故事的品牌

托嬰中心適合有故事的建立品牌，經營者如何走進行業的過程？為何堅持從事這行業？以及有記憶的甘苦談，都是很棒的故事題材。也許是因為要為自己孩子找一個適合的托嬰環境因此開辦托嬰中心；也許是為了照顧自己的孩子又需要有一份收入因而踏入保姆職業；亦或許是想延續一個教育的想法等。用你真實的過程打造自己的品牌故事，幫助內部客戶（教保人員）了解創辦初衷；尋求志同道合者幫助外部客戶（家長）知曉創辦理念，提高安心托育與溝通想法的機會。

有了品牌故事，接著就是要讓故事活起來，口耳相傳的力量已跟不上時代，我們需要更視覺化、聽覺化的讓消費者認識品牌。因此也許可以使用簡短的文字、年代流程圖等方式來呈現，其目的是讓更多人有機會看見品牌的歷程，可以讓客戶身歷其境地體會來不及參與的過去。

2 尋找品牌亮點

活起來的故事需要有更豐富的味道，跟隨與認同是需要反覆堆疊的耕耘。我們需要產生與品牌同步的服務模式或托育做法，讓客戶不僅看得到、聽得到、體驗得到也感受得到。記得，**在托育服務中加入屬於你們自己的品牌識別力**，也就是我們為何用這樣的方式照顧幼兒？我們的特色是什麼呢？別小看這一點點的差異，這有可能就是你的品牌亮點。

有了亮點這微微燭光後，就是要持續不斷地讓亮點發光，並朝著亮點優化與改進，讓小小亮點成為大大光明燈般環繞著品牌。事情只有在反覆精進的過程中才有機會發現突破與進步的可能。持續讓亮點發亮才能擦亮品牌的能見度。

③ 有溫度的品牌

當品牌有了能見度後有溫度的與客戶連結，當消費不只是買賣還有情感時，品牌對客戶而言就是一種依賴。只有符合市場供需條件下的托嬰中心，才有可能持續發展。因此，品牌能見度的光圈需要透過客戶一圈圈的擴展出去，對於消費者而言，品牌的認同包含著情感與信賴，那是消費者心理的靠山。

有了光圈的品牌，更要努力擦亮品牌價值。托嬰中心的運作品管是相當重要的環節，我們的良率需要高達 100%，因為我們面對的是有生命的幼兒，提供的是保育服務。品牌與品質可視為重疊的一件事，維持品質就是維護品牌。要藉消費者之口替品牌代言，那麼就必須先讓消費者感受到品牌優勢，一種足以讓人有優越感和炫耀感的消費感受。人與人間自然會希望展現自己最美好的一面，理解此道理就知道為何某些私校永遠是需要抽籤與靠關係才能擠進去就學，因為其將品牌力量發揮得淋漓盡致。我們以表格的方式，明確簡潔地條列建議作法，供各位讀者參考，請掃旁邊的 QRcode。

打造品牌
作法

Chapter 2

聽故事學管理

　　別人走過的足跡，無論好的結局或不好的結局，都能成為我們在經營管理上的借鏡；故事最牽動人心的是那似曾相似的感受，以及鑑往知來的領悟。透過企業管理學中的管理定律或稱管理哲學，看見托嬰行業中常見的管理問題。本章藉由定律介紹→故事解說→管理大補帖，用淺顯易懂的方式提供讀者了解托嬰行業在日常管理上各面向可以留心並落實的管理技巧。

　　槍口對準了靶，卻找不到技巧、瞄準不到靶心，最終浪費了子彈，也浪費了時間。看到問題，無法解決，是癡；看不到問題，無可解決，是愚。身為管理者與被管理者的我們，在職涯中如何獲得管理的快樂與被管理的安然，都是需要學習的。

2-1 彼得定律

能力決定位置，晉升有時無法成為激勵的誘餌反而成為組織的絆腳石。

台灣老一輩的人總說：「戲棚底下站久就是你的！」以此鼓勵年輕人在做事上面應該要堅守並且懂得站個好位置。彷彿只要站對位置，無論是誰都有機會成為享受大樹餘蔭的乘涼者或平步青雲的佼佼者。然制度下的升遷，必然能對企業與員工產生實質的雙贏嗎？

◎ 原來晉升不是最好的激勵

1969年管理學家勞倫斯‧彼得（Laurence. J. Peter）出版了《彼得原理》又名《向上爬的原理》，分析了千百個組織中因員工不能勝任的失敗實例，進而歸納出來一個令人出乎意料的事實——每一個職位最終都將被一個不能勝任其工作的職工所占據。也就是說，層級組織的工作任務多半是由不能勝任的員

工完成的。這個原理的假設條件是這樣：當員工任職的時間足夠，同時層級組織裡有足夠的階層容許晉升。也就是員工任職夠久，並且依組織中的制度升遷，當員工因某種特質或特殊技能，令他被升級到不能勝任的職位，反而會變成組織的障礙物（冗員）及負資產。若用簡單的人性思維解釋，員工進入企業除了獲得對應職位之薪資外，便是實現自我價值、展現長才能力，以獲得更多的機會。因此，當員工在原職位上表現良好（勝任）而獲得提升到更高一級的職位，依此往上爬升至最後無法在往上爬升的位置上。當然，我們必須先了解如何能晉升？一般晉升的方式有二，一為「拉動」來自上下的裙帶關係，如：園長將自己的子女拔擢為主任；另一為自我「推動」，靠著自己能力出頭天，如：在園所獲得家長好評而升遷。由此導出的彼得推論是：每一個員工最終都將達到彼得高地，在該處他的提升商數（PQ）為零。這意味著什麼呢？**站在那個位置卻無法勝任，反而會成為組織發展的阻力、絆腳石。**

在台灣，托嬰機構的組織階層往往都是扁平化的三或四階，為的是好管理、好溝通、高效率。通常都是園長→主任→組長→老師→助理老師，但每一階層依然有其任務的差別與職責，更明確的是每一個層級所獲得的薪資，必然不一樣。故事是在某一年的夏天，小怡（化名）是任職三年多的員工，積極主動、設計的課程豐富，雖然脾氣直接容易與搭班發生心結（這幾年因與她搭班不合而離職的老師少說三位）但園長看在

她總第一時間跳出來為園所付出，且帶班能力不錯，因此，便看淡了她的人際問題。幾年下來，小怡不僅熟知園所運作，更因為懂得維護園長利益，獲得了升遷的機會，這樣的情況在很多托嬰機構都很常發生。就這樣小怡就成了園內的組長。

炎熱的夏日總容易引起無名的火氣，小怡剛升遷不久，主任就抱怨她無法協調老師們加班及休息時段的輪值班表，惹得每個老師都認為小怡新官上任三把火。主任更告訴園長，有老師認為小怡是因為與園長有交情才能如此囂張！這樣的對話在外人看來或許是女人間的小事罷了，卻不知一場園所風暴即將形成。趁著午後空檔，深知小怡脾氣的園長，認為私下與她溝通也許好過檯面上的詢問，因此邀小怡到隔壁的飲料店喝飲料，然這個舉動落在主任眼中卻非常不是滋味。傍晚，主任就直接對小怡說：「交辦你的任務為何處理不好也不討論？」面對當面地指責，小怡怒了！她認為主任是當眾找她麻煩，要求主任跟她道歉，而主任認為自己只是盡了主管的職責，兩人的不歡而散影響了整個園所的氛圍。沒隔幾天，園所分成主任和小怡兩派，而園長被迫成為仲裁者。故事至此，也許我們心有戚戚焉，然而是什麼樣的原因，引著我們往問題的火坑跳呢？

細看故事的發展，不難發現園所升遷與勝任不會劃上等號，以至於主任永遠做著組長的職責，園長需要跳下來做主任的職責，而組長充其量只是熟知園所運作的資深員工，並沒有身為組長該有的人員協調以及支援老師的能力。若企業組織

中，每一階層的人只能完成底下那一階層的任務，那也代表著整體組織無法在正常的軌道上運作，可能因此面臨更多管理問題。也許，當初小怡沒有晉升，仍然會是一個稱職的老師。而園長能夠透過績效獎金或其他的回饋，肯定小怡為園所帶來的價值。換句話說，如果小怡清楚自己的能力，更明白職位上所擔負的責任，也能婉拒晉升，認清自己的價值與目標，或許也能少碰到些職場挫折。記住，晉升得考量員工（自己）在職位上能力是否足以勝任，而非等晉升後再進行能力的培養；同時，晉升未必是有效的激勵，反而可能會適得其反，為園所帶來更多的問題。

職位管理
工具表

🎖 管理大補帖 *Dr. Peggy's Tips*

身為管理者可以這樣做：
- 別把晉升當作籌碼，晉升是對工作職務的負責。
- 職位與職掌編制說明明確。

身為員工可以這樣做：
- 職位的不適任反而容易造成工作低成就。
- 了解各職位的工作任務。
- 由職位副手開始，給自己準備接任的時間與空間。

2-2 酒與汙水定律

破壞總是比建設容易，發酵與腐敗有時只是那一線之隔的
瞬間，別忘了老話：一粒老鼠屎壞了一鍋粥。

寓言之所以有理，是因為蘊含深意
發人深省，上古時代，黃帝在去拜見賢
人大隗卻在路上迷失方向，正當為尋路
發愁時來了一個牧童，便詢問牧童可知
具茨山在何方？牧童答：「知道。」又

問，可知大隗在哪？牧童答：「知道。」黃帝這時詫異了，心
想既然牧童什麼都知道，就順口問：「那你知道如何治理天下
嗎？」牧童答：「跟我放馬一樣囉！」黃帝一聽含糊了，治理
天下怎麼跟放馬相同呢？因此追問牧童，只見牧童姿態輕鬆的
說：「治理天下跟我放馬一樣，趕走害群之馬便可。」

◎ 即時處理爛蘋果

為何企業組織中遇到「人」的事情會立即處理，不讓其發
酵呢？南歐是葡萄酒的故鄉，釀酒的技術純熟，調酒更是週末

農人們的歡愉時光。有次，一位自滿高傲的調酒師炫耀調出來的酒無人可敵。而一位靈敏的少年，便回應說：「你能把酒和雨水調成美酒嗎？這是上蒼才有的能力吧！」調酒師將一匙雨水與酒相混後，果不其然，沒有好水自然沒有好酒。藉此，人們發現把一匙酒到入一桶汙水裡，得到的是一桶汙水；把一匙汙水倒進一桶酒裡，得到的還是一桶汙水。可以見得，汙水和酒的比例並不能影響這桶酒的好壞，而唯一影響好壞的因素是那一匙汙水，只要有了它，再多的酒都會成了汙水。

「酒與汙水定律」發現了問題的關鍵往往來自於那不起眼的事情，若置之不理終將釀成大禍。時間所帶來的發酵速度，往往非肉眼可預期，當你想好好正視面對時，已是無力回天。破壞永遠比建設更容易，當企業組織中存在著善於造謠生事之人，其結果正如蘋果箱中出現爛蘋果般。可怕之處不在於那顆蘋果的腐敗，而是其驚人的破壞力，足以感染整箱蘋果，最終只能丟棄。托嬰機構常是麻雀雖小五臟俱全，常見的收托規模約五十名上下，甚至有些更小的園所收托數額僅二十名幼兒。按照師生配比，這樣的小團體組織文化便形成了。因此，只要出現一個「爛蘋果」足以讓園所元氣大傷。

女人天性敏感容易因比較而帶起計較，園所這幾年下來一直維持著一個主任和五個老師的合作模式，雖不見加薪豐收但也穩定知足。在托嬰機構的日常裡，除了幼兒照顧外，就是與家長互動。也許是平靜的日子太久沒有波濤了，考驗總是在人

們毫無防備下悄然到來。主任小芸（化名）挺著八個月大肚子想著即將臨盆，若她要放育嬰假那麼園所便需要預聘替補人力，但也擔心若到時回歸上班那預補人力又要放哪裡呢？園所的支出，她心中是清楚的！當然，她也在乎自己的薪資收入，畢竟她也需要養小孩。正抓不定主意的時候，身旁的老師小舒（化名）似乎看出了主任的心思，她用疑問的口吻說：「聽說之前小雪生產時，是主任您下來補她的班，她事後沒有道謝！還認為您沒有把他們班幼兒的能力訓練起來。」又說：「前天小雪還在背後說，兩個月後要去進修。擺明就是知道主任要去生產，故意安排吧！」事情就是這麼奇妙，耳朵接收容易上心中。主任小芸心中開始有了一抹烏雲，人力的安排確實是她當前最需要處理的問題。回到班上，小舒又莫名的自言自語說：「主任就是想跟小雪討人情啦！不然怎麼到現在都還不補充人力呢？」這話碰巧被搭班老師聽到，又轉述給小雪聽。瞬間，園所裡充滿了各自的猜想。故事最終，小雪認為主任想討人情的想法太現實而提出辭職。而這舉動也讓小芸覺得這個節骨眼提離職，根本就是拆她的台，情緒的黑暗面也到達頂點，所以沒有慰留，更沒有好好針對問題談過。搭台需要大半年，拆台只需兩三天。小舒的搬弄徹底破壞了園所的和諧，人力調度上雪上加霜，新人適任與否更加深園所托育上面的隱憂。試想，這樣的擺盪托嬰機構能否吃得消呢？倘若，處理的更加即時，結果會不會有不一樣呢？若小芸直接看穿破壞者小舒並表明立

場，或小芸直接找來大家討論目前的矛盾，亦或積極解決人力
問題平息猜想，無論怎麼處理都好過於讓問題開始發酵，忽略
了破壞的連鎖效應。

　　酒與汙水也是組織中存在相互博弈
的過程，善用人才則占得先機，掃除汙
水建立團隊凝聚。保持團隊整體的步調
一致，才是面對人才運作良策。身為組
織成員的我們，除了要多聽多想少說
外，更重要的是有暢通的溝通管道，以免破壞者趁虛而入。

管理大補帖　*Dr. Peggy's Tips*

身為管理者可以這樣做：

- 在安全時效內，即時處理爛蘋果。
- 保持有效的溝通管道，並確保事情傳達的誤差值低。
- 建立正向激勵制度，表揚提出想法的人。

身為員工可以這樣做：

- 避免以訛傳訛，尋找可溝通的機會。
- 建立內部共同信念，有時好觀念需要有人帶頭。
- 若發現害群之馬，即時向上反應。

2-3　手錶定律

　　目標是用來執行的，不是用來選擇的，干擾有時來自於選擇多了。

　　法庭上，法官問一個死刑犯你覺得你會上天堂還是下地獄呢？死刑犯回答：「我還有選擇嗎？誰收我，我就跟誰走」沒有選擇權的人放手一攤，橫豎他的人生早已走向全劇終。此刻選誰，

重要嗎？然而人生往往充滿選擇，我們總是會選擇一個自己主觀感受認為舒適的那一方。

　　如果世上只有你，也許連時間都顯得沒有意義，因為你不需要面對時間下的競爭。管理學中的「手錶定律」又稱矛盾選擇定律，來自於猴王領導一群猴子的故事。猴王在森林中無意間撿到一支手錶，發現手錶能幫牠掌握時間，因而展現了精準的領導。但不滿足的牠突發奇想：如果能再撿到一支手錶，那威望是否有機會再提高？也許是老天聽到了牠的願望，猴王又再度撿到手錶。擁有兩支手錶的牠，卻陷入的困惑，原來兩支手錶給了牠不同時間的指引，反而讓牠做不了決定備受質疑。

◎ 多頭馬車只能停在原點

故事中「手錶」代表著制度、管理人等一切能給予相對決定的標準指南。當人們手上只有一支手錶時，可以在主觀的狀態下知道時間。擁有兩支或兩支以上的手錶卻不能告訴一個人更準確的時間，反而會製造混亂，久而久之會讓看錶的人失去對準確時間的信心。試想，若企業組織中有兩套標準、兩個領導人等雙重制度或模式，那會呈現怎麼樣的混亂呢？想想我們長大的歷程，有沒有遇過父母親不同調的管教方式或兄弟姐妹間不同標準的要求？想必你已經能感受到那矛盾下所產生的問題與衝突，也能感受到能依自己選邊站的小確幸吧！

向左向右轉？在人性的趨使下，最後一定是選擇自我感受舒適的那一邊，然而搧風點火與矛盾衝突就此升起。皇帝身後有布簾，垂簾聽政下的治理，演變出的不是昌榮的繁盛，而是朝廷派系朋黨的你爭我奪。維護著不是組織利益，而是自我生存。或許你會說這是人性的私欲，但啟動私欲按鈕的卻是管理者。就像拿破崙說：「寧願要一個平庸的將軍帶領一支軍隊，也不要兩個天才同時領導一支軍隊」。一山難容二虎，廚房難容婆媳。此俗諺明示的是兩強之爭，卻隱喻著因紛爭而起的混亂。托嬰園所負責人多為女性，她們不一定是叱吒風雲的女強人，但肯定都是努力持家並望子成龍成鳳的新時代女性。因此常出現子女協助或陪伴著母親管理托嬰園所的情況。

　　這天，小融（化名）來到園所處理負責人所交辦的行政工作，園內教保老師們都知道她是負責人的女兒，許多園務都交給小融來處理。因此老師們也習慣大小事情都請示小融，看起來這樣的培養接班是指日可待。科技的進步，小融打算以雲端打卡來代替並解決現在的紙本打卡還能手寫補登的出勤問題。她跟園主任小芸（化名）提了這樣的想法，並請她先私下去探詢老師們的接受度，因為她知道常遲到、想早退的人，肯定不會喜歡這樣的改變。而小融也沒想過園主任才是園所的管理者，她未曾詢問園主任的管理決策，一股腦地想解決問題。而負責人卻持不一樣的看法，她認為用這樣的方式解決出勤問題，不實際且遲到的人還是會遲到。同時在這個問題上又要增加園所的支出，她認為員工的工作態度應用園主任去教育。而小融認為出勤問題應該交給機器來制約人的行為，不然一下補登、一下計算扣薪，只要有情面可以寬容，就不會拿出態度。園所三個有權利管理的人，都有自己的想法與決定。

　　在企業組織裡，民主的聲音有時是沉重的管理屏障，延宕了組織的發展進程，也影響了內部工作效率與態度。三個不同調的管理下，園所的出勤問題不僅卡著沒有處理，每個老師都開始選邊站，準時上班的人就會支持小融；時常遲到無法全勤的人就會支持負責人；那種猶豫不定的人就看著小芸要選誰。矛盾在園所展開了，兩派互抓對方小毛病，身為園主任的小芸又能得罪誰呢？乾脆懸著這事，誰也不想當打破平衡的勇士。

最後，小心眼的氛圍在園所蔓延，老師們開始跟負責人錙銖計較多、少 10 分鐘的加班薪資，或者誰才是故意不打卡的小密告。組織的凝聚力因沒有明確的制度，而像盤散沙。組織矛盾容易造成停滯，大家的焦點與重心將不會放在原本的工作上，而是關心哪一邊對自己最有利。如此一來，如何展現好的托育品質呢？百年前的光緒皇帝在慈禧太后的輔政下，換來大清帝國的滅亡，一切權力與擁有都只剩下歷史的一頁篇章。

 管理大補帖 *Dr. Peggy's Tips*

身為管理者可以這樣做：

- 制定出的目標、制度一定要明確。
- 制度是用來制約人的行為，不能臨時隨意的變更。
- 管理制度一定是對事不對人，制度面前人人平等。
- 「一個上級的原則」一定要遵守。

身為員工可以這樣做：

- 既然是制度就是用來遵守，非用來挑戰。
- 標準如果因你而改變，也代表以後也會因別人而改變。
- 矛盾來臨，不要在過多干擾下選擇。

2-4 木桶理論

NBA 中只有明星球員也難得總冠軍，

影響戰鬥力的反而是場上五人中最弱的那一人。

團體運動競賽的決戰場上往往決定
輸贏的關鍵，不是最耀眼的明星運動
員，反而是團隊中能力最差的那名運動
員。這樣的想法令人訝異吧！在團隊中
能引起我們關注的常是戰功峰偉的明星

球員，那以一擋百的威風凜凜。怎麼輸贏會取決於小兵呢？

◎ 團隊永遠是綁一起前行

農場的主人在農場裡鑽了一口井，為得是不用走遙遠的路
程去取水。一個木桶一口井，解決農場水源的問題。有天，農
場主人發現，木桶因年久老化其中一片板因此斷了一小截，以
至於木桶盛水的滿水位，永遠只能到最短那片板的位置，怎麼
也回不到原本的高度了。這讓管理學者彼得發現了一個有趣的
事實，提出「木桶定律」又名「短版理論」。其核心內容為：

一隻木桶盛水的多少，並不取決於桶壁上最高的那塊。換句話說，木桶能擁有多少的水量，最短的那片木板知道！劣勢決定優勢，劣幣驅逐良幣。而木桶代表著是團隊、系統，團隊總是相互影響、環環相扣。

發現了嗎？「木桶理論」凸顯了一個企業組織運作中相當重要的關鍵問題──團隊協力。決定整個團隊戰鬥力的強弱往往不是那個能力最強、表現最好的人，而是那個能力最弱、表現最差的落後者。為何稱為落後者？因為他們總是與別人呈現明顯懸殊的狀態。當最短的木板對最長的木板產生了限制和制約作用，這顯然已決定了這個團隊的戰鬥力，影響了這個團隊的整體實力。這讓我想起讀小學的時候，學校常常舉辦每週的班級競賽，無論環境、秩序……，總是有大大小小以班級為單位的競賽，最好與最壞的班級都會被公告出來，當然，最差的班級免不了受到處罰！然而，團隊中永遠有幾個需要被提醒、被額外注意的人物，大家要傾全力來彌補他們的不經意，或是盯緊他們不成為團隊拖油瓶。沒有時間爭取表現，只求不要當最後一名被公布又被處罰。從這裡可以發現，有時我們在乎的不單單是自己的榮耀而是身處的團隊如何共享！

身處托嬰或幼教行業的管理者常覺得這行業不好聘請到教保人員，而人員的去留與聘任往往是管理者心中無法明說的壓力。無論能力好壞，總想著至少站在那裡還能多出兩支手、還有回應，努力說服自己團隊總是需要截長補短，相互拉抬。然

而，生活總是會因現實而妥協。園主任明知小柚（化名）是個沒有老師願意跟他搭班的頭疼人物，但園主任也不敢獨立讓他自領一班，因為他總是能為園所帶來許多或大或小的突發災難，例如：餵藥弄到孩子吐全身、換個尿布都因為沒徹底清潔讓孩子紅屁股等。這些都引來家長對園所的不滿與抱怨，甚至有家長說：「你們園所的老師都這樣嗎？到底專業是真還是假阿！」面對家長的怒火，園主任除了道歉還必須為老師緩頰，因為他知道暫時也無可奈何。回過頭找小柚溝通，小柚說：「這些我也不是故意！」一副我的能力就只能這樣的態度。

左思右想，園主任安排了一個資深且能力和脾氣都很好的老師小欣（化名）與他搭班，原以為園所能力最強的小欣配上能力最弱的小柚，截長補短總不至於狀況太差吧！甚至園主任期待小柚能學習到小欣帶孩子的技巧，但期待往往與現實相反，搭班沒一週，就出事了！小柚悠哉的洗奶瓶做清潔，放任主責的孩子在教室內爬來爬去。小欣擔心小柚不擅長幫孩子洗澡而提出分工，他負責洗澡，小柚負責支援並留意班上孩子。前一秒才提醒要注意咬人的孩子，下一秒就聽到哇哇大哭的聲音，而被咬的孩子是小欣主責。這對小欣來說，是一個沉重的打擊，因為他能力強，家長們對他都只有誇讚與肯定，只是他與小柚一起搭班，必須一起承受所有的指責，而這次家長生氣地質問到底是怎麼照顧小孩的？自責的小欣，最後因為受不了家長的責難，選擇離開園所。離職前小欣難過的問園主任，如

果當初我沒有跟小柚搭班，結果會不一樣嗎？

故事到了這裡，我感受到劣勢擊潰優勢、劣幣驅逐良幣成了團隊的損失。期待團隊能有多大的展現、績效，如同木桶中能盛多少的水一般。當然木桶需要考量的原因很多，不僅是最短的那一片，也許你還會考慮縫隙、接合。然而，盛水的高度已經決定你所能擁有的最大效益。身為管理者的你是否應該先專注在這關鍵點（短板）上面？家長或消費者往往會以整體的形象來評價一間園所與組織的好壞，團隊希望有耀眼的菁英；更希望沒有落後的拖油瓶。企業組織系統的運作需要圍繞一個圓心，有一個向心力。每一個部門都要圍繞同一個目標而用力，激發出最佳戰鬥力。

 管理大補帖

身為管理者可以這樣做：

• 團隊學習小組與組織內教學演示活動。

• 明確規劃出獎懲作法，並不定期提出團隊競賽。

• 除了個人績效外，另增加團隊績效。

身為員工可以這樣做：

• 跟著團隊學習氛圍向上努力，不求最優秀但須跟上。

• 清楚自己的優劣勢，透過優勢發揮為組織帶來貢獻。

2-5 零和遊戲

0 和 100 之間還有沒有其他可能，當手心向上時仍有一面向下。

有輸就有贏似乎已是自然鐵律，沒有永遠的輸家也就沒有永遠的贏家。而我們常會被心情左右、被事件干擾，拚了命的想贏也許只因為沒有人想輸，既然沒有人想輸，那如何在競爭中產生共識達成合作呢？

◎ 雙贏才能換取長久的合作

人與人的相處，無論是至親還是陌生人，都可能會有摩擦或利益衝突，而退讓往往不會是第一選擇，競爭與維護權利讓我們有輸贏的思維。在博弈的賭桌上，籌碼不是賭客的就是合官的。合官只是擔任發牌的工作，但牌桌上的你卻會希望贏走籌碼；而合官為了維護自己的工作權利，自然希望雙方有個輸贏。而管理學中「零和遊戲」是贏家和輸家的總和為「零」。

既然雙方總和零,為何還需開啟競爭呢?也許這就是生存有趣的地方,享受贏的喜悅、輸的痛快。當然凡事皆有例外,雙方都有權扭頭放棄,但這畢竟是少數。因此在漫長的管理學討論中,「零和」成了歷久不衰的話題。老闆對員工、經營者對消費者、員工對客戶,這樣的鐵三角,怎麼走才是王道?

經營者講究的是永續利潤;消費者要求的是物超所值;員工期待的是對等的勞而所獲。看來每一方都有贏的條件,卻也都沒有贏的把握。倘若沒有必然贏的一方,也就是人人都有輸的可能,不想承受失敗的後果就要思考共享、共生。那有沒有一個方法是三方都有機會共生的呢?在人與人的鬥智、經驗的醒悟下,發現唯有雙贏才能走得久,人生不應該是賭局!但你每天必須面對或大或小的選擇。面對無知的未來,如果不想賭,那就必須找線索、拉盟友來減少選擇的風險,增加或然率。托嬰園所中的組織模式,就是一個最簡單的三角關係,園主任 vs. 教保人員、教保人員 vs. 家長、家長 vs. 園主任,彷彿像個生態系統中的食物鏈般,環環相扣,頂多增加的就是教保人員間彼此的競合。小惠(化名)是個專業的居家保母,用了畢生積蓄開了一間園所。這樣的情節常發生在托嬰行業故事的開端。原以為跟本來習慣的工作模式應相差不遠,怎知兩點一線與三點一面是有這麼大的不同。小芸(化名)那一年大學剛畢業,就來到園所跟小惠一同努力,學著面對家長、學著照顧幼兒。直到有天他們碰上了一對互推接送孩子的父母,除了不

會準時接送外更常常臨時打電話拜託老師加班，一回生二回熟的延遲變為常態。漸漸地，小惠和小芸被這件事情搞得充滿情緒，認為給了方便被當成應該。再加上，小芸認為應該要有加班費，小惠覺得這應該跟家長要求，而那對父母卻認為園所不應該斤斤計較，開門作生意哪有要求準時關門的呢？

這天，小芸跟小惠說：「如果沒有加班費，那我今天希望能準時下班。因為依照勞基法⋯⋯。」聽到《勞基法》這三個字瞬間讓小惠成了刺蝟，認為員工在威脅他。因此，當天那對父母來接孩子時，小惠跟家長說：「我們入園、離園都有打卡紀錄，不是我想跟你收加班費，是因為老師⋯⋯，而且我們都在合理範圍收費。」聽到合理範圍那對父母心中火氣瞬間升起，認為園所態度是指責他們不合理。這下子家長認為老師愛計較、園主任不想承擔，因而處處在言語上刁難，最後還因為疾病請假退費的問題投訴社會局，搞得園所烏煙瘴氣。故事中小芸希望勞而有得、小惠希望使用者付費、那對父母希望控制預算，沒有一方想輸。

講話是門藝術，更是學問。一句話如何好好說到對方接受，需要智慧。但在學會說話藝術之前，如何打破零和創造雙贏，也許是我們先要抓準的管理哲學。若換成是你，會怎麼處理這樣的問題呢？也許身為經營者的你會選擇自己加班省下老師加班費的負擔；身為員工的你會選擇忍下超時工作的情緒，學著吃虧就是占便宜；也許身為父母會良心發現給付加班費或

不延遲接送，沒有絕對好的選擇，但我相信一定有相對圓滿的結果。讓我們倒帶看看，經營者小惠選擇第一時間就與家長溝通，也許她會說：「寶貝越來越聰明了，只要家長來接送孩子，都會一直想往外走，那盼望的眼神好可愛。孩子的肢體語言表示著他們已經懂得上學和放學的概念。」或許第一時間跟小芸說：「我們來一起明示、暗示家長，我們的目標……。」至少已經懂得打破零和創造雙贏的第一步──拉盟友。走過風雨的老人常說：「吃虧就是占便宜。」看似安慰實則充滿學問。吃虧是拉盟友的一種方式，是奠基下一次雙贏的基礎，只是你必須懂得善用它，讓雙方產生共識並且讓對方願意釋出善意。「競合」在我們的日常中常常發生，心態的起點很重要，抱持著雙贏的態度才有機會開創出圓滿且常久的合作關係。

管理大補帖

身為管理者可以這樣做：

* 創造非零和模式，站在對方的需求提供範圍內的服務。
* 與客戶訂好遊戲規則，並且以制度來達成雙方的合作。
* 合作關係中沒有絕對的輸贏，創造對方同理的意願。

身為員工可以這樣做：

* 面對不舒服的工作情緒，及時於內部溝通管道提出。
* 透過行政會議提出臨時動議討論面臨的問題。

2-6 破窗效應

有時我們是毫無所覺、自然而然地走進盲目，
成了組織崩壞的推手。

當從家中看到一隻白蟻，那代表著
木牆、木櫃裡早已住滿了白蟻大軍。記
得有則新聞說一個大學生半夜在租屋處
聽見怪聲，開燈一看見白蟻滿屋亂飛。
許多事情的發生，都從我們不在意的小

處開始，一點一滴如蠶食鯨吞般的產生破壞力，在企業組織中
為什麼這些白蟻才是我們應該見微知著的留心呢？

◎ 沉默是災禍的根源

許多人可能未曾想過，通常毀掉一個人的往往不是大事，
反而是一些瞧不見的小事；有時不是真的瞧不見，而是我們選
擇視而不見。的確，小事本身的破壞力確實有限，但當一連串
的小事串聯出的「破窗效應」卻驚人無比。管理學中「破窗效
應」，是犯罪學者威爾遜和凱琳共同在 1982 年提出的理論。

他們進行了一項實驗,將兩台一模一樣的車子拔掉車牌、開了天窗,放在治安落差很大的兩個地方。實驗後發現如果有人去破壞一幢建築物的窗戶,而這扇窗戶又得不到即時的維修,是一種「暗示性縱容」的提醒,默許人們去打爛更多的窗戶。當一件應該即時阻止或處理的問題,沒有在當下完成處理,便會讓知曉或參與其中的人,覺得這部分的情況是沒有人在意的。久而久之,就會給人有種「無序」的感覺,甚至開始蔓延到整個組織。輕微的破壞行為,亦可能導致整個組織失去秩序。

犯罪源自對小錯誤的縱容。任何不良現象的存在,都會向外界傳遞一種縱容的消息,導致這種現象的惡化與擴展。代表著對於錯誤的縱容,會誘使旁人仿效,甚至踰越踩界。在從眾心理的作用下,有時暗示的刺激勝過明文規則下的制度。托嬰園所最重要的工作就是進行幼兒保育,其次是親職教養的溝通與養成。因此,對於員工訓練應該要著重妥善幼兒照顧,除了保育安全外,更要關注保育態度。有時一個走神,便容易有小狀況的發生。也許是孩子喝完奶後,躺下的姿勢不對就會溢奶;也許是換尿布清潔時,一個小地方漏了擦拭就起紅疹等。

小石(化名)是一名社工系的畢業生,因為喜歡孩子而考了保母證照,進入托嬰中心工作,與她搭班的是一名快 40 歲經驗老練的資深保育人員小佑(化名)。也許是因為工作太過熟悉,以至於小佑常常只做了重點卻遺漏小細節,例如:幫幼兒洗澡時應該先準備好衣物,而不是邊洗邊喊著需要協助,甚

至把幼兒獨自放在澡盆離開拿取。這一切小石都看在眼裡，總覺得哪裡不對勁，但礙於資歷深淺的關係，她便默默的學習著。園所的主任雖然會檢視每個班級的寶寶日誌，也會提醒老師照顧幼兒上面一定要仔細，她總說：「別人的小孩要更加重視，他們都是每個父母手上的寶。」但面對資深的小佑，園主任明知有時她會在小處犯錯，但卻因沒有造成太大的問題，從來也沒有在保育態度、照顧安全上面立即嚴厲指責。

這天小石幫六個月大的孩子餵完副食品後，背對著孩子開始整理清潔餐具，完全沒有注意到幼兒的坐姿是否穩當安全（六個月大的孩子並非坐得很穩）。就這樣幼兒一個坐不穩，頭就往地上撞了下去，又剛好不是撞在軟墊上，自然頭上出現了紅紅的印記。園主任叫來小石，問她怎麼會少了這麼重要的動作呢？要先確認幼兒是否安全，才能離開做其他的事情。小石竟說：「小佑也是這樣照顧小孩啊！我只是比較倒楣。」園主任生氣地說：「是小孩比較倒楣吧！因為你的疏忽，而要多承受一次的不舒服。」又說：「你的態度實在讓我也很不舒服！」小石低咕地說：「為何小佑就沒事……」園務會議上面園主任把這樣的事情拿出來討論，當場也惹得小佑不高興的說：「為何之前不提出來講，現在講的意思是指責嗎？你不說，我們當作你默許我們的照顧方式。」園主任說：「錯誤就要修正，習慣依然可以調整。」一場會議大家不歡而散。

小事累積成大事，並非大家樂見。或許意外的發生，是因

為我們不在意小錯誤，而縱容其自由發展，以至於小錯誤發展到無法收拾，需要以代價來換取我們的正視。最常見的就是我們開車的習慣，十字路口感覺沒車就通過；沒有放慢速度環顧左右。車禍的發生便是一場可預知的意外，遲早的事情罷了。企業組織中我們常常忽略即時處理與流程安排的重要性，記住事情不會自己好起來，需要人懂得善用智慧來改變其發生。有時你覺得自然變好了，那是因為有其他人替你送來及時雨，把問題解決了；別抱持著事事都有貴人的心態生活著，人生總是需要懂得即時修補破窗，來維持房子的秩序。

 管理大補帖

身為管理者可以這樣做：

- 定期與不定期的進行資產設備維護檢修。
- 不定期與人員進行會談，關懷工作以外生活狀態。
- 明確編撰工作流程與流程中重要的提醒標註。
- 需要修正的提醒，應該落實改善而非講講作罷。

身為員工可以這樣做：

- 提醒自己應該有的工作態度，留心小細節。
- 勿以惡小而為之，落實工作細節是保護自己的方式。

2-7　蘑菇定律

雞蛋沒有破殼，小雞都不會知道雞媽媽是誰；

人才是企業最珍貴的資產。

許多企業大佬深知人才養成的重
要，但卻也不願意花過多精力、時間把
人才培訓投資在初來乍到的菜鳥上面，
用男人的man's talk來比喻，就是沒有傻

子願意花錢幫別人養老婆。或許，把人才養成和感情培養比喻
在一塊有些不合適，但不難了解多數人希望將投資放在刀口
上，創造效益的最大化。

在資訊行業起飛的 1970 年代，大量的年輕人投入了電子
行業，準備大展身手成就夢想。而當時有一批年輕的電腦程式
設計員正每日埋首於螢幕前，過著與計算機計算編碼 0 和 1 不
停對視的日子，他們經常自嘲：「我們像蘑菇一樣地生活著。」
為何自比蘑菇呢？當然與蘑菇生長的特性有關，那種只需要在
陰暗角落裡，有一些水跟養分就能長大的情況，就如同不被重
視的自己存在於環境、組織中。至此，我們應該猜得到蘑菇定
律講的是企業在人才養成上的一些常見問題。

◎ 如何有效地孵化人才？

　　管理學中的「蘑菇定律」指的是無論你是多麼優秀的人才，往往在剛進入企業的時候都只能從最簡單乏味的事情做起，同時容易被忽略也不容易得到認可與照顧。這讓我想起台灣早期師徒制的社會現象，老一輩的人都說：「沒有三年四個月哪能學會真功夫！」剛開始跟著師傅，只會被派去做些跑腿、打掃之類的雜事。在打雜的日子裡，沒有喜歡與否的選擇，只有做不好會挨罵失去學習資格的窘境。菜鳥的日子，在許多新世代年輕人的心中多少難免忿忿不平，總覺得能力被低估，企業對於人才不夠重視，往往撐不過三個月便離職走人。這樣的人才養成，成了企業組織中的潛規則，試用期過後在討論人才的的孵化培訓；新人就是職位助理的雜工、補位角色。世界第一個女性 CEO 也是前惠普公司的 CEO 卡莉・費奧莉娜剛進入職場時，每天做的工作就是接電話、打字、複印、整理文件等隨時可被取代的工作位置。或許天性樂觀，她從未有怨言並且積極學習，接電話時想著如何更精準地收下客戶需求與訊息、如何傳遞服務意願增加顧客成交率，樂此不疲的學習為她贏來了翻轉，一次撰寫文稿的機會改變了她的人生。

　　週末，幾個托嬰園所的負責人相約聚在一起吃飯聊天，大家正七嘴八舌地討論著最近新進的老師連換尿布都笨手笨腳，以及孩子有狀況卻無法即時反應的情況。也許是發發牢騷，也

許是真想解決這樣的問題，其中一個人問：「那要不要試試建教合作生，從在學時期就培養，到時畢業即就業？」但又有聲音說：「她們這種都不穩定，學一學就走了。」聚會結束，小恩（化名）回到園所，心想著也許花點時間孵化人才，也是解決老師招聘的一個方法。不久後，園所來了兩名建教合作生，起初園內的老師們並沒有把她們當成同事。只覺得她們來過個水、拿個學分，雖然客氣相處，但卻沒有太多工作經驗的交流。幾個禮拜後，小恩發現兩名建教合作生很喜歡自己聚在角落聊天。看著班上幼兒跑來跑去，而同為搭班的老師並不會指揮或分配工作給她們。這天下班前，小恩將建教生找了過來，問她這幾週有什麼想法？聽著她們空泛表面的回答，小恩開始懷疑這人才孵化的想法到底對不對？隔幾天有個孩子奔跑跌倒，帶班老師指責建教生看到孩子有危險，不懂得立刻處理，只會聊天！這樣的指責讓建教生也不甘示弱的回擊說：「你也沒教過我怎麼做。況且，你是帶班主責老師處理孩子的問題本來就是你的份內事，我們只是你的助理。」

　　心態，決定高度！想法，決定廣度！小恩終於懂了為何人才孵化總是孵不出來。原來是小雞一直沒有破殼，光聽到雞媽媽的聲音，也學不會雞媽媽走路。我們希望新進人員快速適應園所環境、掌握工作並發揮能力，但卻沒有準備好孵化人才的路徑與工具。至少，雞媽媽要孵小雞前也會去準備一窩稻草堆吧！最後，小恩看見了自己的問題，在詢問完建教生進入職場

最擔心的情況和最期待的學習是什麼後,開始研擬新人崗位守則,並且要園所老師們用面對正式同事的態度,來看待建教生。她知道只有先準備好孵化的環境,才有機會孵出小雞。

　　企業組織常常在人才養成上提到用人、育人、留人,但如果這人才一直是企業組織中的過客,無論養成制度多麼完善,也派不上用場。而新人需要忍耐與主動出擊,有時當幾天蘑菇也是有助於我們看見現實。美麗的蝴蝶也需要挨過毛毛蟲的日子,生活總是有高有低,喜歡的事情開心做;不喜歡的事情接受做,每一個角色都有值得學習的地方。如何讓孵化出來的人才能夠跟隨組織,必當營造合理的蘑菇空間,多一點陽光、多一點養分。

管理大補帖

身為管理者可以這樣做:

- 編撰員工手冊與工作操作指南提供新人快速融入職場。
- 一週與一月新人座談會,聽聽新人發生什麼事。
- 嘗試以任務的方式給予新人表現的機會並且及時修正。

身為員工可以這樣做:

- 記錄工作日誌,包含:標準動作、職場疑問、心情。
- 列出需要在一個月內學會的工作事項。
- 學習需要操作而非在旁觀看。

Chapter 3

全面提升做管理

　　「天無言而四時起；地無語而萬物生。」凡事都有規律，無論我們能否理解或看懂這規律的運行。規則與框架皆有形與無形的存在在我們四周，如：父子、夫妻等關係，也是一規則框架。生者為父、被生者為子，這樣的關係一輩子都無法顛倒，否則便亂了秩序。規律而起秩序、秩序而生方法，為了順應規律與維持秩序，人們總是建立起制度與系統來進行穩定與可控性。但時代與知識的發現總是會讓我們有打破或看見新規律的機會，因此，我們藉由**知框→立框→用框**三個階段，來進行托嬰機構管理的思維框架，有效利用管理思維以達組織企業的永續發展。

托嬰管理 *Total Quality Management*

3-1　知　框

　　身為企業組織的管理人，肩負著組織盈虧與永續的責任。雖說托嬰機構屬於中小型的企業組織，但因為我們所提供的是照顧服務，面對的客戶是送托的家長，稍小不慎幾年來的努力都將付之東流。

　　時代的改變，不僅僅是世代不同外，更產生了思維上的變革。你可以跟不上時代，但不能不認清時代的改變。古代只要願意耕種勞作，就能賺取全家的溫飽；十六世紀工業革命，帶來了勞工藍領階級的興起，朝九晚五的作業生產就能換取安穩的生活；二十世紀的服務業革新，創造了以服務賺取中間財貨的服務商。人們知道使用者付費，羊毛出在羊身上；然二十一世紀的虛擬網路時代，資訊流通的快速、線上系統的崛起，變成了羊毛出在狗身上，而豬來買單。一晃眼，上一代還羨慕著大戶人家有電視機、汽車等奢侈品，現在，亞馬遜執行長貝佐斯已經要帶領我們坐上火箭奔向火星去旅行，世界需要我們真實的看見。

◎ 思維改變的迫切性

我們必須嘗試了解這個時代的規則，老話一句：知己知彼，百戰百勝。知框才有機會立框，而後破框飛翔，這一切的起點在於你知道現行的商業思維已經進化到第幾代了嗎？我們除了心態接受改變是必然的發生，更需要積極的了解這時代的思維，你可以說是新新人類的思維或稱為年輕人的思維，總之，他們想的和我們不一樣。

若你問，經營者出資出力又承擔風險，為何還要去理解年輕人在想什麼？首先，我們要了解的是我們的客戶是誰；其次，我們所聘僱的員工在想什麼；最後，環境的改變，你的競爭對手也可能是年輕人的創業。以前是生產出產品再找客戶銷售。也就是說，從前我們只要願意承擔風險，設立托嬰中心基本上就會有家長來送托，而且根本不需要打廣告，因為收托人數有限，很容易就滿額了。現在是要先確認潛在客戶需求再來生產產品，以避免滯銷、庫存。倒過來走的流程，為的是更精準的發生供給與需求的循環鍊，透過大數劇的分析與資料評估，我們能避免不必要的嘗試與損失。

「先生產再找客戶，先找客戶再生產。」這意味著要先找到有送托需求的家長然後再來設立托嬰機構嗎？面對服務類型的行業，尤其是我們的托嬰機

構，一切都是「人」的處理，家長、幼兒、員工、監管單位、輔導單位、協力單位……，我們不需要管產品良率，卻要處理托育品質。我們需要先了解目前的思維規則是什麼。

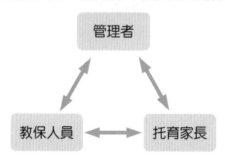

打破以往以管理者為出發的商業模式，現在的商業思維以消費者出發，也就是由「托育家長」要什麼開始。

1 知道規律是什麼？

- 家長 to 管理者：戰略共同體，重點在於創造利益與維持品質，也就是擴大消費者參與。家長宣傳為我們省下許多廣告成本，當家長知道我們做的事情是他們所想要的，他們便會化身宣傳大使，動動手指透過網路社群宣傳。想想看，我們沒有聘請公關部門，卻有強力公關部隊。

- 管理者to教保人員：搭班子合夥，重點在於名利雙收與互謀其利。教保人員是企業組織的內部客戶，他們需要靠企業給予舞台，但舞台也需要由他們關照看戲之人。同時，既然是客戶便無需討論忠誠度的問題，別老把員工沒有忠誠度掛在嘴上。教保人員需要的是內外在實質的獲得與滿足，例如：

薪資、培訓。

• 教保人員 to 家長：服務型增強制約，重點在於托育流程與制約下的成長，制約理論是巴夫洛夫在進行狗搖鈴的研究時所發現的行為反應。放在托育管理，也就是教保人員需要提供服務品質，以換取家長的信任；而家長需要付出尊重與肯定，來換取教保人員對幼兒的關注。教保人員藉由明確的流程能夠完善托育品質，獲得家長的肯定。換另一個角度來說，家長就是管理者用來激勵教保人員自主成長的方式。

至此，我們知道每個角色間的關係，管理的起點在於了解關係。這是一個由「消費者」開始的滾動商業模式，消費者的需要帶起供給者的提供，然消費者是善變的，如何穩定消費者，我們需要把規律串聯起來。

2 嘗試串聯起規律

規律總有起點，如四季由春起一般，在新管理思維模式中，我們發現「消費者」也就是家長，是規律的起點；然消費者最大的特性是「低忠誠、高比較」。但市場經濟學也教會我們市場中有一無形的手，會自然發生優勝劣敗。善用市場優勢，串聯規律形成某一種市場慣性或稱市場常態。

• 誰來買單的遊戲規則：要跟家長綁在一起，就要懂得年輕人那種羊毛出在狗身上，豬買單的遊戲規則。家長（羊）付費要求托育幼兒（羊毛），而申請政府（狗）補助；然而政府

補助的費用來自於全民（豬）的納稅。因此，家長付出的成本低，而獲取的對價服務高。

- 利用問卷收集情資：我想給你所需要的一切服務。但事情總有先後順序，透過問卷會知道您商圈內家長最在乎的三大問題，屏除價格後，剩下的就是賣什麼？什麼不賣？這次不是你直接告訴家長你賣什麼。而是他們彼此接受老闆不賣什麼。換句話說，我們沒有提供這樣的服務是因為消費者（家長）不需要；而我們提供的服務都會成為家長擁護您的理由。

- 薪酬獎懲你情我願：當一天和尚敲一天鐘，你可以要求我的工作品質；我也能要求我的勞動權益。要啟動制約的前提是他知道搖鈴後面會得到的好處是什麼。當年輕的教保人員心理接受交換的條件，必然會傾全力完成工作任務。別想輕易占他們的便宜，更別希望他們會將心比心理解經營的辛酸。

　　別忘了人性是經不起挑戰的，人往往忠於自己的利益。而管理就是人性的混亂中建立起一套大家共同遵守且走得動的循環制度。

3　在規律中生存

　　在管理者眼中沒有好人與壞人的區別，明確地說，只有自己的人或別人的人的分別。簡單來說，我們串聯起規律後，知道春夏秋冬是如何運行，接著就是要想辦法在這規律中生存下來。在自己的三角關係中，讓規律在共生、共享下形成集體利

益。記住，能成就你的人，就是身邊這一群人，如：教保人員、家長、幼兒。

- 建立規律的常態性：消費習慣是需要被養成的。由 60 分開始往上加，容易讓人看見希望。從 90 分開始往下扣除，會造成失望與爭執。托嬰機構除了提供一般的托育服務、托育安全外，其他枝微末節的小處就是加分的地方。千萬別第一時間打包全部變成附帶，**先建立基本常態，在思考附加價值。**

- 複製形象代言人：許多管理者因擔心員工忠誠與合約問題，總是權力一把抓，年輕的教保人員也因無需負擔過重的責任，因而面對工作的去留也是以可有可無的態度面對。你不重視我，我何須在乎你。生存不會只有管理者活下來，你需要複製更多個教保人員，讓生存便得更容易。

- 制度透明化：規律能正常運轉，如四季運行需要有人把節氣都記載、公布出來，好讓大家在可預知的情況下生活。管理組織也是一樣，當三方共同形成新的規律後，要把制度合約都透明化，例如：托育合約、新人守則、雇傭契約……，由他們偕同之下訂出來的原則，自然沒有爭議。

　　從未知的摸索，走向已知的生存。管理者、家長、教保人員都需要適應規律的改變，以及重新建立起一套有默契的互動關係。

4 由規律中看見機會

　　規律是讓工作能永續進行，而非成為管理者的限制。既然能在新的規律中生存下來，便要開始想辦法看見機會、活得更好。所有的創新中都存有復古的身影，因為玩通了，才看見其他可能。二十世紀末美國西北大學唐·舒爾茨教授，提出以 4C ＋5R 取代 4P 的經營管理模式，其重點在於了解客戶與潛在客戶的需求。提到以 Relevance（關聯）、Receptivity（感受）、Responsive（反應）、Recognition（回報）、Relationship（關係）來發展長期滾動式的客戶經營模式。

- 有意義的消費回饋：既然管理者與家長是戰略共同體的關係，那麼透過家長提供有意義的回饋便非常重要。什麼是有意義的回饋呢？在現今網路媒體快速發展之下，一個社群評論、一段托育感言、一群瘋狂按讚數，都會是管理者所需要的價值感。這代表著你們彼此的價值認同與同舟共濟的關係。

- 適時的正向支持：百貨公司的快閃、周年慶活動，總是會引來大批的參與者，並找到下一個需求亮點。托嬰機構也是一樣的，面對教保人員與家長，快閃獎懲與幼兒周年慶，都是有機會讓管理者發現規律下的機會與下一個改變的契機。

　　知框，讓我們看見新時代的思維與管理變革，既然不能再以管理者出發，那就當一個懂得結合消費者的管理人，一統打造建立框架，玩出更多可能。

3-2 立 框

　　既然我們已經理解了思維框架，由本來生產者為主導的商業模式，改變成以「消費者」主導的市場模式。也就是管理者在進行生產與管理之前，必須先收集消費者要些什麼，透過群眾心態來創造品牌與產品口碑。什麼是群眾心態？簡單來說就是大數據情節。對於管理者來說，你可以選擇不跟隨時代，但也必須接受被時代遺忘與淘汰。所謂的對與錯、好與壞，都必須經得起時間的考驗。因此我們在知框了解思維框架後，接著就要立框——建立框架、打造企業運作系統。

◎ 打造有「利」的企業系統

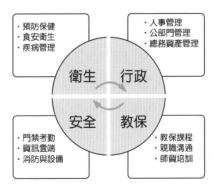

　　既然要打造托嬰機構的企業系統，我們便可以先討論托嬰管理可分為哪些部分。或許每一個管理者都有自己的系統邏輯，這都有助於立框，只有透過制度的管理，才能有效減少「人」的問題。以下我將示範的是企業組織立框的步驟，供你參考：

　　這裡會分成兩種情況討論，一為已經設立托嬰中心，但還沒有建立起系統框架；二為還沒設立托嬰中心，可以先在欲營業的區域，確認家長的托育需求，並且完成機構設立（下一節說明）。因此，在此假定托嬰園所都已完成立案，我們將需要建立系統框架來幫助我們做好管理。

1 需求探詢，畫出自己的樣子

- 首先，我們可以利用 Survey Cake 雲端問卷與 Google 表單問卷來蒐集商圈內的家長需求。托嬰中心一般都屬於封閉市場的經營，我們的顧客常常來自於社區或是家長工作點。

- 建立線上粉絲團或 FB 社群，為立框暖身。同時，也能透過線上廣告的設定進行問卷的收集，有時分享自己的理念、有時分享閱讀到的好文、有時張貼環境的情境照，溝通往往由不經意地分享開始。

- 透過需求排行榜建立屬於自己的托嬰系統樣貌。每個地區家

長所在意的需求有時落差很大。從家長最在意的問題進行數據收集，收集的四個面向包含：安全、衛生、教保、環境（這將會成為自己系統框架的主要宣傳亮點）。例如：在衛生方面，若我有配合的有機小農，那我便會問：「您是否在意幼兒副食品的來源？並傾向園所如何採購食材？選項：□超市選購 □傳統市場 □有機小農。」在安全方面，若我有規劃良善的接送得來速，那我便會問：「對於幼兒接送安全，你期待園所如何安排？選項：□老師門口迎接 □自己按電鈴 □線上通知預計到達時間。」

- 最後別忘了收集保育費用的接受區間，服務總是跟所支付的費用有一定的關聯。家長是我們的戰略共同體，適時傳達營運概況有助於減少日後在枝微末節上面的計較。

　　千萬別膠著在收費的問題上面，因為使用者付費這樣的概念對於年輕的家長群已是接受的服務型態了，他們反而更在乎的是接收到的服務是否與我的認知相同。別小看大數據的醞釀，消費者需求才能創造消費動力；同時，你已經開始為自己打造系統了，畫出一個別人看我的樣子。

▶2 鎖定需求，建立價值

　　當管理者與家長取得共識後，這托嬰的環境與理念便成為大家齊心想要維護的一個價值，而教保人員能夠明確知道他如何與管理者合夥，要合夥必須先認同理念，而非只是領薪水的

打工仔。

- 透過大數據，我們掌握到了認同我們理念的客群，彼此因為有共同的想法，會更有默契，在育兒路上更好溝通。鎖定需求排行榜中的前三名，也就是家長最在意的幾個問題，並且針對問題建立公開透明流程，因為家長需要安全感、教保人員需要依循準則。例如：家長在乎食安問題，且你有配合的有機小農。那麼建立食材採購與保存系統，便是首要處理的，以牢固管理者與家長共同堅信的價值。所以便需要【食材採購流程表】、【採購廠商名冊】、【無農藥標準生產流程】、【食材先進先出管理流程】、【食材存放位置圖】。

- 制度框架是用來建立彼此都認同的模式與操作方法，無論透過線下張貼或線上公開，須確認家長與教保人員皆了解我們的框架是什麼，並且喜歡這樣的框架。

- 價值是多個需求串聯出的認同感，因此，管理者必須將立園的數個框架在最短的時間內完成，並且做做看有沒有需要修正的地方。別忘了，公開就是被檢視的開始，內部與外部客戶皆拿著放大鏡看待我們共同堅信的價值。

③ 找靠山，有意義的群眾效應

托嬰園所要完成的框架不少，但我們需要從最核心的價值開始建立，然後慢慢完善每一個環節。只有在固守價值之下，才能再創造出更多的認同。消費者（家長）有時會忘了我們曾

經堅守的價值與信念，但身為管理者的我們可以適時的提醒，透過 FB 社群或公布欄、寶寶日誌等有效的溝通管道，分享我們對於價值的堅持，例如：我們分享了小農農場的照片、幼兒洗菜發現菜有洞洞的照片。**持續是建立品牌口碑唯一的方法。**

　　善用戰略共同體（家長）的支持與分享，家長的一句認同、一篇分享文，都能成為托嬰園所堅強的靠山，認同是大家都接受這樣的生活方式。堅定合夥者（教保人員）的態度，園內老師每日都在園內，感受與感動更是直接，他們的分享也是對園所的肯定與對自己選擇的忠誠。有意義的群眾效應，是透過消費者觀點影響其他消費者的一種方式，園所經營不能孤軍奮戰，有時最堅強的靠山不是同業協會組織、不是主管機關的評鑑獎盃，而是累積出來的消費者。

4 制度裡的平台需要平衡點

　　周而復始的運作，我們必然建立了屬於自己的托嬰框架，用自己的節奏走自己的路。因為在封閉商圈中，我們不需要大費周章的想辦法跟別人一樣，我們只須知道身邊我們服務的幼兒與家長們需要些什麼。家長與教保人員需要被提醒，身為管理者的我們也一樣需要找到框架中的平衡點，不然做久也會疲乏，甚至不經意地遺忘了初心。

　　懂得利用框架中的檢核表單，發現運作上的節點，是管理者維持平衡的重要關鍵。流程是一個標準做法，而檢核是一個

再確認的過程，因此當我們建立了框架後，就要設立檢查站來確保組織在運作過程中可能產生的疏漏，避免因為疏漏而破壞平衡（如前一章的破窗效應）。建立檢核表單，來確保框架的穩定與平衡。例如：在食安管理上面，我們需要【到園食材紀錄表】、【定期無農藥檢核表】、【採購數量表】、【食材報廢表】，以方便管理者提醒自己要努力維持框架的平衡。

依照不同面向建立托嬰園所所需要的框架，不僅利於管理，更是讓管理者、家長、教保人員建立共同維護價值的框架。打造系統讓我們有機會不再瞎子摸象，自由經濟市場上有太多可以掌握的訊息來協助我們建立自己的特色與管理風格。

3-3　用　框

建立了框架後，便是「用框」，懂得利用框架思維來幫助我們管理，讓制度取代人情，有些時候人與人間的糾葛很難理出是非對錯，但制度能幫助我們讓事情聚焦、找到節點。

管理往往與薪酬、收益兩者分不開，以托嬰機構的管理為例，管理者提供幼兒托育服務，家長支付費用獲得收益；而管理者聘請教保人員進行勞務，給付合理薪酬作為報酬。換句話說。管理就是必須藉由框架制度把「錢」處理好。

規則、流程到檢核

薪酬包含了薪資（物質）與酬庸（精神），物質講得是實質可衡量金錢；精神講得是情感、敬重與報答。對於管理者而言，教保人員是工作上的合夥者，執行保育、教育幼兒的工作。管理者需要維持他們的生存安全感，才有機會得到忠誠，薪酬的高低已經為這合夥的品質埋下伏筆了。收益談的是扣除成本後的獲得。管理者與家長之間的關係為戰略共同體，雖然

家長給付保育費用換取一定時間內的托育服務，但家長也是托嬰機構最有力的廣告宣傳者。因此，費用（成本）之外的獲得是家長所在乎的關鍵。善用框架，讓制度間相互制衡，聰明的管理者用框架來提升效益，把管理做好，你才有機會講情。管理者永遠都不要當開除員工的筷子手，要用制度產生淘汰，良性循環是因為你把遊戲規則的講清楚了；**惡性競爭是因為你悶著要員工、客戶來揣測你的心思**。管理者既然建立了初步的框架模式，那就要想辦法落實使用框架，並且善用規則、執行、流程、檢核來進行管理運作，以下將延續上篇托嬰中心的例子，由立框走到用框。

首先，假設托嬰中心尚未申請立案，那便須要打造【托嬰空間規劃流程】並依著流程一步步檢視每一個環節，可掃旁邊的 QRcode 參詳一番。已完成立案申請和初步管理經營框架的建立，接著就是要讓規則明確化、執行制度化、流程順暢化、檢核標準化。

托嬰空間
規劃流程圖

▶ 1 規則明確化

舉例：透過與家長的溝通，明白食安問題是他們所在乎的，同時，這剛好也是管理者的經營理念之一。因此我們能夠著手讓食安的規則更為明確，由【食材採購流程表】、【採購廠商名冊】、【無農藥標準生產流程】、【食材先進先出管理流程】、【食材存放位置圖】讓我們有意義的來運用框架。

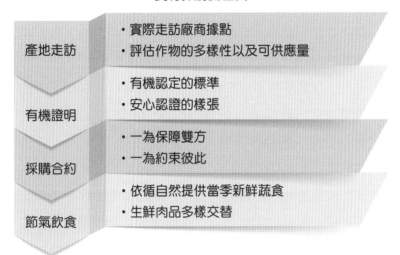

食材採購流程表

產地走訪	· 實際走訪廠商據點 · 評估作物的多樣性以及可供應量
有機證明	· 有機認定的標準 · 安心認證的樣張
採購合約	· 一為保障雙方 · 一為約束彼此
節氣飲食	· 依循自然提供當季新鮮蔬食 · 生鮮肉品多樣交替

食材先進先出管理流程

整理	上標	存放	調整	統計
·分類；分裝	·貼上進貨日	·乾溼食材按位擺放	·先進先出	·記錄庫存數量

　　藉由明確的管理流程，我們能夠更輕易地掌握每一個環節，並且在步驟上面提供操作方法與檢核標準。在制度之下，管理者有機會發現管理漏洞以及容易失誤的環節，同時，透明公開的制度框架，有助於員工理解每一個環節所要留心的重點，增加家長對於托嬰中心的認同與安全感。三方都能明確了解，才有可能形成共識。

2 執行制度化

知道要做什麼後,更應該了解怎麼做。面對最容易失誤以及最困難的地方,也就是管理者需要更細化、更留意的關鍵點,也會是我們檢核的重要環節。執行的過程常有做了才知道的感慨與成長,管理者可能會發現你的規則無法讓事情上軌道,也就是無法讓操作者容易跟著制度按步驟完成。若真如此,調整制度便是必要的過程。制度的調整如法條需要修改一樣,因其最重要的地方是能夠執行。團隊的優勢也許是集思廣益、相互借力,但劣勢就是彼此牽制、要依著標準做事。

制度的執行就需分配職責,也就是管理者應妥善將執行的權責進行分配,例如小學時代班級都會派任班級幹部,負責監督並落實規則的執行。當老師說上課鐘響就要安靜坐在位置上,因此當有人違反規則時,風紀股長就要出來執行制度。管理者與教保人員、家長的配合也是一樣,必須明確讓大家知道園所的規則便是如此,你已經開始落實。

3 流程順暢化

舉例:依著上面的食安流程運作,管理者發現在存放→調整這個環節,往往因為疏忽、忙碌而遺漏了先進先出,造成食材庫存數量上面的進貨日老掛著之前的日子。遺漏了一個重要的環節,就會造成食材新鮮與食材浪費的延伸問題。內部客戶(員工)若知情,則容易引起破窗效應,外部客戶(家長)若

知情，則共同價值的認同便會大打折扣。因此，身為管理者的你可能會思考如何突破這環節的盲點，才能落實制度。或許你會使用不同顏色的點點貼，在上標得貼上進貨日的同時，就順便再貼上本週顏色，利用更容易被注意的的視覺提醒，來幫助落實先進先出。因此，我們會需要增加一張【每週食材貼紙的規則表】（如下表），張貼在冰箱以及乾貨區。

週次	一	二	三	四	五
顏色	紅	橙	黃	綠	藍

當然每一個環節都有更精進的做法，所有的制度都是先求大方向再努力小細節。也許你的問題會出現在上標日期的不正確，那麼使用日期印章或廚房有日期的電子時鐘，或許可以考慮看看。總之，我們需要將框架制度順暢的在園所中運作。

④ 檢核標準化

檢核，是在周而復始的運作中發現可以再改進的可能，以及避免反覆之下的不經意失誤。管理者再檢核的環節上更不能掉以輕心，我們常常在便利商店、餐廳的廁所牆上，看到他們的清潔檢核確認表，大多都是清潔區域和日期的矩陣表格，然後有打掃的就打勾，細心一點的就會在下面烙上需要那些部門主管再次檢查確認。

檢核的週期就相當重要了，有些一週、有些一個月，若只是形式上的檢核，在設計檢核表單時往往會漏了抽查與複查的

設置點。例如：我們看到便利商店與餐廳廁所的清潔檢核確認表上都被打勾，且當班人員也簽名了，但顧客在使用廁所時，卻感覺不到「已清潔」的舒適感。這樣流於形式的檢核，首先，會流失的是顧客信賴與形象；緊接著會形成一股敷衍的團隊暗示；最後，也許累積小疏忽造成一起顧客意外，發生問責。所以，管理者不僅要面對危機處理，還要面對管理失責的連帶業務過失，若把問題倒回檢視，「檢核」就是避免意外問題的重要關鍵點了。以上述【廁所清潔檢核確認表】來說，除了明確條列清潔分區與日期外，以週為單位，加入抽查與複查機制，要求也提醒管理者需要落實檢核。許多托嬰中心往往制度與執行中有些許落差，雖有員工守則、規矩標準、處理辦法，但都流於形式，面對日常的營運管理與幼兒照顧之間，偶爾會失去平衡。管理者奔波忙碌、教保人員無所依歸、家長憂心轉成質疑，最終三方無法形成利益共同圈，反而淪落攻堅對勢的相抗勢力。

廁所清潔
檢核確認表

　　管理需要利用系統制度的輔助，知框→立框→用框三階段的管理思維，能幫助管理者掌握自己的管理風格，並且建立三方的價值認同，時代的巨輪依舊前行，調整思維後再進行框架管理，讓管理不是紙上談兵，而是實際轉動並協助組織成長。

對的事情簡單做

　　「複雜的事情簡單做,你就是專家;簡單的事情重複做,你就是行家;重複的事情用心做,你就是贏家。」這句話一直很觸動我的心,覺得充滿哲理。管理的學習需要身為管理者的我們不停的精進與修正,跟著環境與時代的改變,學著利用科技與更多輔助的工具,協助我們落實好日常的行政工作。繁瑣、緊湊的托嬰日常管理中,常常需要相互補位或彼此支援,因此,明確落實行政工作,才能減少交接時的失誤與遺漏。接下來就讓我們來解鎖評鑑中最繁瑣的行政類。讓流程簡單化、效益最大化,管理就是透過日常的細節尋出問題與改變的方向,對的事情簡單做!

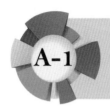

A-1　解鎖評鑑

　　根據衛生福利部社會及家庭署所頒定的《評鑑指導手冊——托嬰中心》，其明確指出托嬰中心評鑑指導的方向與原則。本文最後的 QRcode 包含摘錄自《評鑑指導手冊——托嬰中心》關於行政類的相關指標，提供你作參考。

　　托嬰中心的評鑑每三年就要進行一次，同時須配合日常的稽核與突擊檢查，若有違規則需要面臨降等的處罰。在明確監督之下，為幼兒的成長安全與家長安心托育進行把關。當然，評鑑的結果不代表消費者的絕對消費意願，但肯定是一個參考的標準。

　　本書在管理的架構下探討托嬰中心容易面臨的問題，這也是評鑑指標中常見的行政類標準，讓我們來解鎖評鑑！讓流程簡單化，凸顯必要的環節，接著就是讓每一件簡單的事成為日常，協助管理者進行托嬰中心的行政管理。機構行政管理，評量指標包含：

- 機構立案
- 收退費
- 收托

- 人員資格
- 兒童納保團體保險、公共意外責任險與火險
- 公文往來等，符合報送地方政府資料，
- 符合消防、公安、衛生與建管檢查相關規定。
- 每月至少召開一次教保或行政會議。
- 機構設施與設備造冊列管，並定期檢修及盤點

面對評鑑必須要有的概念就是：凡走過必留痕跡！因此，托嬰中心務必把經歷過痕跡清楚留下，並請分類整理清楚。就因為是日常，所以更容易在反覆中搞不清楚到底發生在哪一個時間點，精準地留下紀錄，是保護托嬰業者自保最好的方式。

◎ 設定機構的宗旨與空間規劃

我們需要將立案許可後的證書清楚懸掛於顯而易見的位置，除此之外，建議將托嬰中心一切對外可見的宣傳物，例如：招牌、傳單、寶寶日誌、通知單底稿、宣傳品等都打上立案字號。在此建議，招牌需要到都發局下面的建管處申請廣告許可證，其相關表單可上網搜尋關鍵字「廣告許可證 城市名」就會跑出自己所在城市的申請流程連結。（招牌設立標準，請上內政部營建署之法規公告中查詢。）

托嬰中心的外框明確了，接著就要豐富中心的內涵，經營必然要有凝聚團隊力量的宗旨，開宗明義讓內外部客戶皆清

楚，我們的目標與原則到底是什麼？如此一來才機會發展出企業文化。宗旨就是明確表明我們到底要做什麼。

一般常見的托嬰中心宗旨為：（以下提出多點範例供參考，一般只需要 1～2 點）

• 建立良好托育環境，提供家長安心托育
• 協助健全家庭功能，彌補雙薪家庭工作時段的育兒照顧
• 促進嬰幼兒之健康發展，培養幼兒良好生活習慣
• 建立嬰幼兒良好的生活作息經驗，快樂成長學習
• 人本關懷之精神，建立親子與托育間的友善環境
• 滿足幼兒之成長需求，透過日常照顧讓幼兒適性發展
• 安心托育，安全成長，讓嬰幼兒在愛與信任中成長
• 建立環境與嬰幼兒的友善相處，以適應自然的方式探索

決定好宗旨也就是托嬰中心想怎麼做之後，就要讓家長與托育人員都能清楚。因此，也需要展現於員工手冊、家長手冊、寶寶日誌、公文Email發送底稿等一切能讓外界有機會了解你的物件上。當然有些會以簡短的字詞圖像來代替文字說明（如右圖）。

完成了機構的合法性說明後，緊接著要說明場所的使用與環境空間的規劃了，根據托嬰中心設置法令規則標準，托嬰中心需要的空間與收托人數之坪效皆有明文規定。因此，我們除

了需要準備場所空間配置圖、安全逃生動線圖，還需要保存好當時裝修的竣工圖、平面圖或立案範圍標示圖。（下圖僅為舉例）

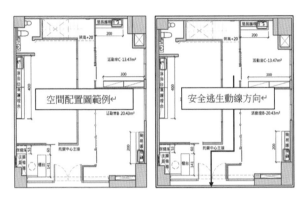

◎ 確立合作規則

硬體與軟體空間都打造完成後，管理者需要擬定的是與家長和員工該如何進行配合與合作關係，如同產品說明書逐項說明大家要如何使用的原則，當然除了家長手冊與員工手冊外，還需要托育契約與工作契約。契約的擬定對於托嬰中心相當重要，建議徵詢律師或相關有法律知識的專家，當然目前各縣市政府也有提供公版契約可供參考。契約與手冊間存在必然的關係，例如：手冊上載明托嬰中心開放時間 08：00～18：00，那若與家長簽訂托育時間為 07：30～18：30，那麼這前後多出來的 30 分鐘，責任歸屬到底如何界定呢？算是接受家長的私下委託？或是以托嬰中心的名義額外承攬這業務呢？

在此提醒一個手冊與契約中重要的關鍵就是「錢」，舉凡收費標準、方式與退費標準、方式，以及遲繳的認定、合約解除或是員工薪資發放、扣薪與加薪規定……，凡跟「錢」有關係的遊戲規則，一定要載明清楚。若這部分簡單行事，必犯大忌，為自己種下未來糾紛之因果。別忘了，危機總在疏忽中埋下。家長手冊與員工手冊的編撰目的是為了避免我們在溝通上的遺漏，而發生應說明卻未說明的瑕疵，以及提供管理的標準作業規範。因此，家長確認托育與員工到職後的第一步，就是提供入園備品的簽收，並將此簽收單或簽收冊進行資料歸檔的管理。（舉例如下圖）

入園備品簽收單（員工）	入園備品簽收單（幼兒）
簽收物：員工手冊、圍裙、名牌、園服，共計 4 項，6 件	簽收物：家長手冊、寶寶日誌、餐具、園服，共計 4 項，6 件
簽收人： 日期：	簽收人： 日期：

完成了家長、員工手冊與契約制定後，還需要進行相關的公安、消防、團保、意外責等一切保險的聯繫與簽訂。有些托嬰中心會將公安、消防委由代辦機構協助處理，僅需將每一次申報的資料文件進行歸檔即可。團保與意外責任則是需要與相關保險業務簽訂要保契約，為托嬰中心建立基礎的安全防護。

收發公文的注意事項

　　行政工作的細緻往往由編碼與資料管理的流暢和完整來評估，因此，藉由電腦計算機來輔助確實是個好辦法。在托嬰中心的運作期間，與公部門的溝通都是由公文的往返，發出去的公文、收到已處理的公文與未處理的公文，皆須有明確的標示，也許只是三個籃子標示公文處置的狀態，並且定期進行歸檔。針對已處理的公文，可由負責處理的人員在公文底下簽名或蓋章，並且留下處理的方式，例如：已公告、已專達某人、已聯繫……。

　　在收到公文時，就應該替公文進行編碼，例如：110 年 7月 15 日收到社會局關於托育補助的公文，我們可用「社-11007-補助」編碼，如此一來，日後若要進行公文查找，由編碼就能快速找到你需要的資料；因此，托嬰中心會有一本公文收發紀錄，並且放置在公文欄附近。

　　在發出公文時，記得編碼並記錄在公文收發紀錄表，以清楚知道我們與公部門進行那些溝通，以及溝通的時效性。同時，可以透過公文收發流程的 SOP 程序，讓行政人員容易接手並落實，管理者再進行檢核時，也容易發現流程的疏漏（請掃旁邊的 QRcode，參考範例）。

　　托嬰中心的設備與資產管理、維護、採購……，也是一門學問。通常在一般企業這會歸類為總務部門需要負責的項目，

因此，可想而知這大大小小眼前所見的雜事都歸總務管轄，例如：水管破了，找誰來修、冷氣的定期維護……。若要讓繁雜變簡單，就要先進行分類。如同幼兒進行形狀、顏色歸類的遊戲一般。

首先，我們需要確認托嬰中心那些資產是需要進行管理的，簡單來說，除了流動現金以外的財產，都應該有明確的紀錄與處理流程辦法，包含：土地、房屋及建築、固定物及設備、圖書及教玩具、租賃資產、無形資產、其他資產暨耐用期限在兩年以上之其他設備。

接著，我們需要設置財產管理單位和權責（如下表舉例），以及編制定期與不定期的盤點流程與檢核表單。

管理單位	權　責
園主任	為財產管理之主管單位，對於固定資產並負有定期或不定期盤點、稽查、考核之責。
行政人員	掌握財產統制帳目，並依規定行使「內部審核」職權，審核購置、報廢財產等之相關程序。
教保組長（或園主任）	負責繪本圖書、教玩具、器材之管理及相關表報之編製。
教保人員	財產使用人，皆負有保持良好狀態之實物保管、維護及與財產帳列數相符，並定期與園主任相互核對之責。

對於固定物與設備的管理，通常會依照編制者的思維進行合併或分開管理，例如：以空間進行編制，那麼固定物與設備

皆會列在一張表上；若以固定物為空間內不能移動之資產，設備為可移動的資產劃分，便會分開在不同的資產歸類。當然要如何分類，可依照盤點檢核的方便性進行思考。各種設備有關之產權憑證由專人保管、使用說明書、保固書卡、保證書等資料，園主任依財產編號詳細登記於「財產卡」，由使用單位保管。以下，我以托嬰中心使用空間區分進行舉例，也就是固定物與設備的合併編碼，利用空間配置圖面以及表單，進行資產造冊，會建議以 Excel 表單工具進行。

資產大類	資產項目	是否攤提	權責人員
A	裝潢固定物	Y	園主任
B	設備	Y	園主任
C	教玩具	Y	教保組長

使用空間：1 號教室

資產編碼	名稱	購買日	購買成本	耐用年限	攤提起始月
A1001	冷氣	110／07／15	40000	5	110／07
A1002	燈具				
B1001	一層櫃				

教玩具

資產編碼	名稱	購買日	購買成本	耐用年限	攤提起始月	固定放置	放置位置
C001	手搖鈴	110／07／15	350	2	110／07	Y	1號教室
C002	雪花片					N	玩具儲藏室
C003	套珠串						

　　完成基本的資產造冊後，還需要資產盤點檢核表，來協助我們進行定期與不定期的盤點工作，同時藉由檢核表清楚知道需要進行那些維護、報廢、添購……。

　　同樣地，針對不定期的抽檢，可利用這樣的表單進行。再檢核後，除了資料文件需留存外，同時也須將更新的資料進行登錄。提醒要以不同的檔名另外存檔（例如：資產盤點1100715），切勿直接覆蓋存檔，如此一來，若文件遺失，則對於資產的掌握將無法得知其來龍去脈。

　　資產經長久使用需要重新添購或遇到年度採購資產的時刻，編列「財產處分清單」、「財產物品請購單」有助於我們在資產購入時的預算與安排；「財物驗收單」有助於確認資產交接的完整性；「財產增加單」作為行政人員核對資產登入的憑證、合約書、原始憑證等相關文件，交由行政人員入帳，連同黏貼原始憑證之「黏貼憑證用紙」陳核經負責人核准後依規

定列帳。（舉例如下）

財產處分清單

資產編號	品項	處分原因	主管意見
		□報廢 □撥用 □交換 □變賣 □捐出	
		□報廢 □撥用 □交換 □變賣 □捐出	
		□報廢 □撥用 □交換 □變賣 □捐出	

財產物品請購單

請購人		請購日	年　月　日
請購物件		請購數量	
規格		廠商	
請購原因	（1、報廢重申購。2、法規要求。3、計畫內購入。4、其他。）		
財產分類	□日常消耗品　□耐用年限兩年以內 □耐用年限兩年以上　□其他		
主管意見			

　　清楚的資產清冊與盤點、請購流程，有助於資源運用的合理性並且避免資源閒置與浪費。對於非兩年以上的資產，可另外進行購入清冊，以大宗的採購品項作為分類，大分類下面在進行細項分類，記錄購買日、數量、金額、廠商……，以流水帳的方式記錄。（舉例如下）

日常消耗品		耐用年限兩年內之財產	
編碼	細項分類	編碼	細項分類
日 01	衛生紙	短 01	餐具
日 02	文具用品	短 02	清潔用具

編碼：日 01

購買日	購買數量	購買金額	購買廠商	單據號碼

　　整理完繁雜的資產後，接著我們需要進行人員的管理，當然這概念如同資產管理，需要把每一步的過程存載詳實。托嬰中心所聘僱的人員皆須符合法令規定，因此，每個人員在接受聘僱之後，管理者需要上報相關主管單位進行人員核備，同時與托育幼兒進行保育照顧的配對。托育人員依照托育師生比1：5 進行配對，專任專職，以保障幼兒健康安全的照護。因此，托育人員的出勤紀錄、相關保育日誌的填寫都能呈現出專任專職的實踐。同時，對於協力的相關單位，例如：特約醫師、消防代辦、維修配合單位……，也應該有完整的資料管理與揭露。

　　托嬰中心透過公開揭露園內人員的基本狀態，以及相關人員的編制，有助於提高家長安心托育與家長建立友善溝通的第一步。因此，需要張貼基本人員卡（舉例如下圖）、相關證照於公布欄或入園顯眼處；除此之外，建議各班級入口處，也能

設計張貼,這是對於人員的提醒與當責的暗示。

<table>
<tr><td colspan="2">人員資料卡</td><td colspan="2">協力單位卡</td></tr>
</table>

人員基本資料	
姓名:	職稱:
從業年資:	健檢合格日:
畢業學校:	
證照:	
（證照張貼處）	

協力單位資料	
廠商單位:	姓名:
協力內容:	
合作期間:	
證照:	
（證照張貼處）	

　　人員資料卡中揭露健檢合格日,其用意在於提醒人員須依規定每兩年進行健康檢查(廚工每年健檢),以確保從業人員的健康無虞。此外,相關健檢報告書也需造冊歸檔留存。

人員基本資料（聯繫用）

職稱	人員姓名	聯繫電話	地址	緊急連絡人

協力、維修配合單位

廠商名稱	聯絡人	電話	協力內容	統編	地址

在人員管理方面，若要減少人事處理上面的枝微末節，那便要有清楚的規定辦法與處理流程，當然辦法可以透過行政園務會議進行協商制定，也可以由管理者或高階幹部討論後公布。無論使用哪一種方式，重點在於讓員工與管理者間藉由辦法與流程，有規律地進行運作。若進行行政園務會議，便需要有完整的文字紀錄與圖像留影或者相關與會人員皆簽名表示到場。（舉例請掃本文最後的 QRcode 參考）

依據員工手冊之內容，編撰相關事項流程，以方便人員可以按步驟與要領執行，例如：考勤規定，而延伸出請假流程辦法、代理交接表；晉升規定，職權職務說明、晉升考核流程；福利規定，年資福利條件、團隊激勵獎金考核流程；研習規定，研習紀錄表、專業能力學習地圖……。（舉例：請假流程、交接表，請掃旁邊的 QRcode 參閱）

提醒關於人員考勤的部分，除了請假辦法外，在遲到、早退的時間界定上應該明確，有些園所對於打卡上班後才吃早餐，到底算不算偷了上班時間呢？以及幾點以後才算加班？這樣的細節，都應該清楚明訂於考勤 Q&A 中。反之，面對家長托育的相關辦法流程，例如：收、退費辦法，接送門禁流程，幼兒到、離園時間表，延托辦法……，也是需要依照家長手冊中的內容逐項訂立。

最後，對於社會福利的推行，例如：弱勢幼兒收托、疑似發展遲緩轉介與危機管理的辦法，除了需要有辦法流程外，更

需要於不定期於行政園務會議上面，對人員進行宣導與研習。習慣的事情容易忽略、不習慣的事情容易措手不及。對的事情簡單做，讓管理成就托嬰中心的經營！面對內部員工與外部家長，透過制度形成基礎的溝通運行模式，以減少立場不同所造成的問題。為了讓你快速理解，本書將此小節的一些流程、範例圖表收錄至旁邊的 QRcode，包含：行政類指標、公文收發流程與紀錄表、資產盤點檢核表、整理請購流程表、園務會議紀錄表、請假流程圖。

圖表補充包

A-2　參考資料

- 涂妙如（2003），《影響家庭嬰幼兒照顧方式決策之相關因素研究》，家政教育學報，5，95～120。
- 武素萍（1993），《台北市職業婦女對家庭式嬰幼兒照顧品質期望與評價之研究》，中國文化大學兒童福利學系研究所碩士論文，未出版。
- 蘇英傑（2020），《建構私立托嬰中心行銷策略指標之研究（碩士論文）》，中國文化大學。
- 張百穗（2013），《托嬰中心服務品質指標建構之研究》，幼兒教育年刊，24（1），87～108。
- 林茱堯（2019），《托嬰中心家長對中心品牌形象，服務滿意度與其對中心忠誠度之相關研究》，中國文化大學。

國家圖書館出版品預行編目資料

托嬰管理TQM：扭轉機構困境的7大管理定律／何佩珊
著-- 初版. -- 新北市：集夢坊，
采舍國際有限公司發行，2022.7
　　面；　公分
　ISBN　978-626-95375-3-2（平裝）
1.學前教育　2.學校管理　3.全面品質管理

523.28　　　　　　　　　　　　　111006847

～理想的推手～

理想需要推廣，才能讓更多人共享。采舍國際有限
公司，為您的書籍鋪設最佳網絡，橫跨兩岸同步發
行華文書刊，志在普及知識，散布您的理念，讓
「好書」都成為「暢銷書」與「長銷書」。
歡迎有理想的出版社加入我們的行列！

采舍國際有限公司行銷總代理
angel@mail.book4u.com.tw

全國最專業圖書總經銷
台灣射向全球華文市場之箭

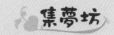

托嬰管理TQM：
扭轉機構困境的7大管理定律

出版者●集夢坊

作者●何佩珊

印行者●全球華文聯合出版平台

總顧問●王寶玲

出版總監●歐綾纖

副總編輯●陳雅貞

責任編輯●林羿佩

美術設計●陳君鳳

內文排版●王芋崴

商標聲明
本書部分圖片來自Freepik網站，其餘書中提及之產品、商標名稱、網站畫面與圖片，其權利均屬該公司或作者所有，本書僅做介紹參考用，絕無侵權之意，特此聲明。

台灣出版中心●新北市中和區中山路2段366巷10號10樓

電話●(02)2248-7896　　　　傳真●(02)2248-7758

ISBN●978-626-95375-3-2　　　出版日期●2022年7月初版

郵撥帳號●50017206采舍國際有限公司（郵撥購買，請另付一成郵資）

全球華文國際市場總代理●采舍國際 www.silkbook.com

地址●新北市中和區中山路2段366巷10號3樓

電話●(02)8245-8786　　　　傳真●(02)8245-8718

全系列書系永久陳列展示中心

新絲路書店●新北市中和區中山路2段366巷10號10樓　　　電話●(02)8245-9896

新絲路網路書店●www.silkbook.com　　　　華文網網路書店●www.book4u.com.tw

跨視界‧雲閱讀 新絲路電子書城 全文免費下載 silkbook○com
新‧絲‧路‧網‧路‧書‧店

本書係透過全球華文聯合出版平台（www.book4u.com.tw）印行，並委由采舍國際有限公司（www.silkbook.com）總經銷。採減碳印製流程，碳足跡追蹤，並使用優質中性紙（Acid & Alkali Free）通過綠色環保認證，最符環保要求。

華文自資出版平台
www.book4u.com.tw
mybook@mail.book4u.com.tw
全球最大的華文自費出書集團
專業客製化自助出版‧發行通路全國最強！